Christopher Rohs

Die erweiterte Realität:
Einsatzgebiete und Potential von Augmented Reality

Bachelor + Master
Publishing

Rohs, Christopher: Die erweiterte Realität: Einsatzgebiete und Potential von Augmented Reality, Hamburg, Diplomica Verlag GmbH 2012
Originaltitel der Abschlussarbeit: Anwendungsszenarien von Augmented Reality

ISBN: 978-3-86341-146-6
Druck: Bachelor + Master Publishing, ein Imprint der Diplomica® Verlag GmbH, Hamburg, 2012
Zugl. Hochschule für Technik und Wirtschaft Berlin, Berlin, Deutschland, Bachelorarbeit, 2011

Bibliografische Information der Deutschen Nationalbibliothek:
Die Deutsche Nationalbibliothek verzeichnet diese Publikation in der Deutschen Nationalbibliografie;
detaillierte bibliografische Daten sind im Internet über http://dnb.d-nb.de abrufbar.

Die digitale Ausgabe (eBook-Ausgabe) dieses Titels trägt die ISBN 978-3-86341-646-1 und kann über den Handel oder den Verlag bezogen werden.

Inhaltsverzeichnis

Abbildungsverzeichnis..I

Abkürzungsverzeichnis...II

1. Einleitung..5

2. Definition und Entwicklung von Augmented Reality....................................6

    2.1 Defintion und Abgrenzung von der Augmented Virtuality......................6

    2.2 Entstehungsgeschichte und Entwicklung...9

    2.3 Nutzen von Augmented Reality..11

3. Architektur und Funktionsweise von Augmented Reality.......................12

    3.1 Aufbau eines Augmented Reality-Systems..12

        3.1.1 Tracking...12

            3.1.1.1 Trackingverfahren...13

        3.1.2 Darstellung...17

            3.1.2.1 Head-Mounted Display..19

            3.1.2.2 Head-Up Display..20

            3.1.2.3 Kontaktlinse...21

            3.1.2.4 Mobile Geräte..21

        3.1.3 Software..22

4. Anwendungsszenarien von Augmented Reality......................................24

    4.1 Anwendungsgebiete..24

        4.1.1 Industrie..24

        4.1.2 Service und Sicherheit..28

        4.1.3 Forschung und Entwicklung..34

        4.1.4 Medizin...36

        4.1.5 Edutainment...38

        4.1.6 Marketing..41

    4.2 Bewertung der Anwendungen und Anwendungsbereiche....................43

    4.3 Auf Augmented Reality basierende Geschäftsmodelle........................51

5. Fazit..56

    5.1 Kritische Prognose und Zukunftstrends..57

Literaturverzeichnis..III

Abbildungsverzeichnis

Abbildung 1: Mixed Reality 6

Abbildung 2: Virtuelle und reale Objekte in einem Raum 7

Abbildung 3: Funktionsweise des Markertrackings 15

Abbildung 4: Head-Mounted Display 19

Abbildung 5: HUD 20

Abbildung 6: AR Kontaktlinse 21

Abbildung 7: App GeoTravel 39

Abbildung 8: Lego AR-System 41

Abbildung 9: Adidas AR-Schuhe 42

Abbildung 10: Beurteilung - Teil 1 49

Abbildung 11: Beurteilung - Teil 2 50

Abbildung 12: Gartner Hype Cylce 2010 58

Abkürzungsverzeichnis

AR	Augmented Reality
AV	Augmented Virtuality
HMD	Head-Mounted-Display
HUD	Head-Up-Display
MR	Mixed Reality

1. Einleitung

Das Denken in zwei Richtungen macht einen Wirtschaftsinformatiker aus, ein Verständnis für die Anforderungen der Informatik und der Betriebswirtschaftslehre. Ebenso muss ein Wirtschaftsinformatiker mit den aktuellen Trends in beiden Fachgebieten vertraut und über die neusten Technologien stets informiert sein.

Basierend auf den Anforderungen an einen Wirtschaftsinformatiker habe ich mir das Thema „Anwendungsszenarien von Augmented Reality" für meine Bachelorthesis ausgesucht. Ich habe versucht ein Thema zu finden, das beide Fachgebiete abdeckt und trotzdem nicht veraltet ist. Da ich privat auch sehr an neuen Technologien und Trends im IT- und Wirtschaftsbereich interessiert bin, habe ich gleich das Potenzial von Augmented Reality erkannt. Um mehr über das Thema zu erfahren, den technologischen Aufbau sowie den wirtschaftlichen Nutzen und die Anwendungsgebiete dieser noch relativ unbekannten Technologie, entschloss ich mich, meine Bachelorthesis über dieses Thema zu schreiben.

Das Ziel dieser Arbeit ist nicht nur die technische Funktionsweise und die Komponenten im Detail zu erläutern, sondern, nach einem kleinen Einstieg in die Entwicklung und den Aufbau der Technologie, die Anwendungsfälle zu erklären, in denen Augmented Reality zum Einsatz kommt. Hierbei soll besonders auf den wirtschaftlichen Nutzen eingegangen werden.

2. Definition und Entwicklung von Augmented Reality

In diesem Kapitel soll kurz auf die „Mixed Reality" und in diesem Zusammenhang auf die Abgrenzung der Augmented Reality von der Augmented Virtuality eingegangen werden. Ebenso möchte ich anhand zahlreicher Quellen die wichtigsten Ereignisse in der Entstehung des Begriffs „Augmented Reality" bis heute darstellen.

2.1 Defintion und Abgrenzung von der Augmented Virtuality

„Ich sehe etwas, was du nicht siehst!", mit diesem Satz könnte man grob Augmented Reality beschreiben.

Augmented Reality ist ein Teil der Mixed Reality, also der gemischten Realität. Die Mixed Reality (MR) besteht aus der Augmented Reality (AR) und der Augmented Virtuality (AV). Ob es sich um eine Anwendung der Augmented Reality oder der Augmented Virtuality handelt, bestimmt der Grad des realen oder virtuellen Umfeldes im Reality-Virtuality-Kontinuum.[1] Folgendes Bild soll dieses veranschaulichen:

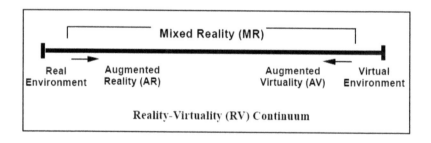

Quelle: Milgram, S. 283

Auf dem Bild ist zu erkennen, dass Augmented Reality im Gegensatz zu Augmented Virtuality sehr Nahe am realen Umfeld liegt, was auch den größten Unterschied zwischen den beiden Technologien ausmacht.

---

1 Milgram, S. 283

Für Augmented Reality, zu deutsch „erweiterte Realität", gibt es keine konkrete Definition. Aber eine häufig genannte Definition ist die von R. Azuma, der 1997 in seinem Buch „A Survey of Augmented Reality" schrieb, dass die erweiterte Realität im Gegensatz zur virtuellen Realität nicht komplett eine virtuelle Welt nachbaut, sondern dem Benutzer erlaubt, die reale Welt um virtuelle Informationen erweitert zu sehen. Hierbei wird die reale Welt vielmehr ergänzt als komplett ersetzt.

Azuma sagt ebenfalls in seinem Buch, dass folgende Bedingungen für Augmented Reality gegeben sein müssen:

1. sie muss Reales und Virtuelles kombinieren,
2. muss die Interaktivität in Echtzeit erfolgen,
3. dreidimensionaler Bezug von virtuellen und realen Objekten.

Interaktivität in Echtzeit bedeutet, dass nicht, wie in einigen Kinofilmen, eine Szene aufgenommen wird und später am Computer virtuelle Daten hinzugefügt werden, sondern zum Zeitpunkt der Anwendung mit minimalen Verzögerungen virtuelle Daten erscheinen.

Quelle: http://www.cs.unc.edu/~azuma/ARpresence.pdf

Ebenso schreibt Azuma, dass es dem Benutzer im Idealfall so erscheinen soll, das virtuelle und reale Objekte gleichzeitig in einem Raum existieren. Ein Beispiel zeigt Abbildung 2. Auf dem Foto ist ein realer Raum mit einem realen Schreibtisch und

Telefon zu sehen, virtuell erweitert um eine Tischlampe und zwei Stühle.[2]

„Ein Überlagern eines Objekts mit Textinformationen liefert in der Regel nur einen zweidimensionalen Bezug. In solchen Fällen sprechen wir von AR im weiteren Sinne, sind hingegen alle drei Charakteristika [laut Azuma] von Augmented Reality gegeben, von AR im engeren Sinne."[3]

Augmented Reality ist also durch die Darstellung von virtuellen Informationen bzw. Objekten gekennzeichnet. Manchmal ist es jedoch sinnvoller, nur zweidimensionale Textinformationen mit der Realität zu verknüpfen, anstatt komplexe dreidimensionale Objekte, zum Beispiel um auf leistungsschwachen Endgeräten Performance zu sparen.

---

2 Azuma, vgl S. 2

3 AR-TuP, S. 11

2.2 Entstehungsgeschichte und Entwicklung

Genaue Jahreszahlen zur Entstehung von ersten Augmented Reality-Systemen sind schwer zu belegen. Ebenso sind viele Ereignisse wenig relevant für die Entwicklung gewesen, weswegen ich nur auf die wichtigsten Ereignisse eingehen möchte.

Die Idee, die Realität mit virtuellen Informationen anzureichern, muss aus den 60er Jahren stammen, hierzu kann Bezug genommen werden auf das Werk „The Ultimate Display" von Ivan E. Sutherland, indem er 1965 auf verschiedene Interaktionen mit Personal Computern eingeht und besagt, dass es möglich sein könnte, das menschliche Wahrnehmungsbild mit virtuellen Informationen zu erweitern.[4] Sutherland entwickelte anschließend das erste Head-Mounted-Display (HMD), welches erstmals in der Luftfahrt eingesetzt wurde, speziell für das Militär.

1990 prägt Tom Caudell bei Kabelverlegungsarbeiten in Flugzeugen bei Boing den Begriff Augmented Reality, als er von Boing beauftragt wurde, in einer Fabrik in Everett, Washington, zu analysieren, welche Virtual Reality Anwendungen es für das Flugzeugdesign und die Flugzeugherstellung gibt. Infolge dieser Aufgabe prägte sich der Begriff Augmented Reality und die Abgrenzung zur Virtual Reality.[5]

1994 entwickelte sich aus einem Projekt an der Columbia University das „knowledge-based augmented reality for maintenance assitance" kurz KARMA, welches dazu fähig war, durch ein halbtransparentes Head-Mounted-Display Reparaturarbeiten mit Hilfe zusätzlicher virtueller Informationen zu unterstützen. [6]

Mit der Entwicklung des AR Toolkit 1999 von Hirokazo Kato entstand die erste Open Source Software in der Geschichte der erweiterten Realität und kann als einer der größten Meilensteine in der AR angesehen werden.[7]

Zur Entwicklung von Augmented Reality Ende der 90er Jahre in Deutschland ist das ARVIKA Projekt zu nennen, welches sich seit 1999 mit dem Thema Augmented Reality und dessen Einsatz in Produktion, Entwicklung und Technik beschäftigt. Teil dieses Projektes sind viele große Unternehmen wie Audi, Airbus

---

4   Sutherland, S. 506-508
5   Caudell, S. 477 ff.
6   NeuZim
7   ARToolkit

und Siemens, um nur einige zu nennen.[8]

Aus dem ARVIKA Projekt bildete sich der Zusammenschluss ISAR. 2002 erfolgte eine Kooperation mit einer ungefähr zeitgleich entstandenen Community namens ISMR, wodurch das ISMAR (International Symposium on Mixed and Augmented Reality) entstand. Dieser Zusammenschluss hält nun jährlich eine große Versammlung zum Thema Augmented Reality ab und gilt als unverzichtbar für die Entwicklung dieser Technologie.[9]

2008 entstand der erste sogenannte AR-Browser Wikitude, welche Anfangs auf Android Smartphones lief und mittlerweile auf allen gängigen Smartphone Betriebssystemen vertreten ist. 2009 brachte die Firma das erste Augmented Reality gestützte Navigationssystem heraus.[10]

Als letztes zur Entwicklung von AR ist eine 2009 entstandene Erweiterung des ARToolkit zu nennen, mit der es nun möglich ist, Daten aus dem ARToolkit in *Adobe* Flash zu importieren um die Anwendungen auch leicht auf Webseiten nutzen zu können.[11]

---

8 ARVIKA
9 Tönnis, S. 4
10 Wikitude
11 Paper3D

2.3 Nutzen von Augmented Reality

Der Einsatz von Augmented Reality Technologien ist überall dort sinnvoll, wo viele zusätzliche Daten benötigt werden. Vor allem in der Industrie und Wirtschaft lassen sich viele positive Auswirkungen mit der erweiterten Realität schaffen. Mit AR können Informationen schneller und zielgerichteter dargestellt werden, immer dann, wenn es gerade benötigt wird und auch mal keine Hand zur Interaktion verfügbar ist, zum Beispiel durch Sprachsteuerung. Dadurch lassen sich Arbeitsprozesse beschleunigen und Fehlerquoten verringern bzw. die Qualität verbessern. Wenn viele Informationen für eine spezielle Maschine benötigt werden, könnte man diese mit einem Augmented Reality System und einem HMD darstellen und muss so nicht seinem Blick abwenden, um in ein Handbuch zu schauen, in dem das Suchen lange dauert. Die erweiterte Realitätswahrnehmung kann zur Unterstützung komplexer Aufgaben beispielsweise einer schwierigen Operation in der Chirurgie helfen oder im Produktionsprozess in der Automobilindustrie (Beispiele hierzu im Kapitel 4 – Anwendungsszenarien von Augmented Reality). [12]

Sie ist auch in der Lage unser alltägliches Leben zu vereinfachen. Es gibt schon zahlreiche Applikationen für Smartphones, die uns als Stadtführer dienen und uns unbekannte Sehenswürdigkeiten erklären, anzeigen wo sich der nächste Schnellimbiss oder die nächste Tankstelle befindet, bei der Wohnungssuche helfen, erklären, welche Sternbilder wir am Himmel über uns sehen oder uns unterhalten und virtuelle UFO's mit dem Smartphone jagen lassen.

Augmented Reality ist längst nicht mehr Science Fiction aus dem Kino oder eine streng geheime Technologie des Militär. Diese Technologie umgibt uns überall, man sieht es nur meist nicht auf dem ersten Blick.

---

12 AR-TuP, Kapitel 2.4

3. Architektur und Funktionsweise von Augmented Reality

In diesem Kapitel möchte ich den Aufbau von Augmented Reality Systemen erklären, ohne unnötig tief in die Materie einzudringen. Ein AR-System besteht aus mehreren Komponenten, die durch ihr Zusammenspiel die erweiterte Realität bilden.

3.1 Aufbau eines Augmented Reality-Systems

Die einzelnen Komponenten eines Augmented Reality-Systems wiederum lassen sich in drei Bereiche einteilen, in denen sie sich jedoch von der Art und Weise unterscheiden können. Die drei Bereiche, welche zur Erzeugung punktgenauer virtueller Objekte benötigt werden, sind Tracking, Darstellung und die AR-Software.

3.1.1 Tracking

Das Tracking spielt in einem AR-System eine der wichtigsten Rollen, denn nur durch das punktgenaue Tracking weiß das System, an welchen Punkten die virtuellen Objekte erscheinen sollen. Hierbei sind der Standpunkt des Betrachters, wichtige Objekte in der Umgebung sowie der Ort, an dem sich das AR-System befindet, wichtig. Beim Tracking werden zuerst Lagepunkte in der realen Welt bestimmt, um diese dann mit den virtuellen Objekten zu verknüpfen. Um dies zu realisieren, gibt es verschiedene Trackingverfahren, welche unterschiedliche Technologien und Ansätze zur Lösung verwenden. Je nach Art und Ziel des des Systems der erweiterten Realitätswahrnehmung, werden diverse Verfahren angewendet, welche ich nachfolgend kurz erklären möchte.

3.1.1.1 Trackingverfahren

"Grundsätzlich können zwei verschiedene Verfahren unterschieden werden: Nichtvisuelles und visuelles Tracking."[13]

Markus Tönnis, welcher ebenfalls ein Buch zum Thema Augmented Reality schrieb, sieht dies genauso, jedoch bezeichnet er das visuelle Tracking als optisches Tracking und das nichtvisuelle Tracking als Intertialtracking. Darüber hinaus nennt Markus Tönnis noch einige Trackingverfahren, wie magnetisches Tracking, laufzeitbasiertes Tracking und mechanisches Tracking.

Das laufzeitbasierte Tracking ist eines der am meisten verwendeten Trackingverfahren im Alltag. Das wohl bekannteste unter diesen Verfahren ist das Global Positioning System (GPS), welches zur Navigation in Kraftfahrzeugen oder zur Positionsbestimmung von Personen und Gegenständen dient. Schwächen sind hier, dass aufgrund der Beschaffenheit des GPS nicht alle Bereiche zur Positionsbestimmung geeignet sind, da die Sender des Signals Satelliten im Weltall sind. In Parkhäusern, innerhalb von Gebäuden oder in Häuserschluchten funktioniert die Positionsbestimmung nicht bzw. nicht korrekt. Durch verschiedene Systeme wird versucht, dieses Problem zu lösen. Eine zuverlässige Lösung ist jedoch noch nicht vorhanden. [14]

Nichtvisuelles Tracking

Als nichtvisuelle Trackingverfahren werden alle Verfahren bezeichnet, die zur Lage und Positionsbestimmung keine Videokamera nutzen:

„Zu den nichtvisuellen Trackingverfahren zählen z.B.

- *Kompass*

  Über das Magnetische Feld der Erde wird die Ausrichtung relativ zu den Erdachsen bestimmt.

- *GPS*

  Durch ein satellitenbasiertes Ortungssystem wird die Postion des Empfängergerätes (z.B. Mobiltelefon) errechnet.

---

13 AR-TuP, S.27

14 Tönnis, Kapitel 3

- *Ultraschallsensoren*

  Hier wird durch die Messung der Laufzeit von Ultraschallwellen zwischen mehreren Sendern und Empfängern der Abstand und somit die Postion zueinander ermittelt.

- *Optische Sensoren*

  Die Messung des Abstands zwischen mehreren Sendern und Empfängern erfolgt über optische Sensoren.

- *Trägheitssensoren*

  Über verschiedene Arten trägheitsempfindlicher Sensoren wird sowohl die Neigung (Gyroskop) als auch die Bewegung entlang einer geraden Achse (Beschleunigungssensor) gemessen.[15]

Visuelles Tracking

"Visuelles Tracking wird in der Regel mit einer Videokamera realisiert; hierzu existieren zwei Varianten:

- *Die Kamera ist am Kopf des Betrachters montiert (head-mounted) und der Tracker berechnet die Kopfposition des Betrachters.*

- *Alternativ kann die Kamera auch fest montiert sein wie z.B. die Webcam am Rechner und der Tracker berechnet mithilfe von Bildverarbeitungsroutinen die Position der realen Objekte. So lassen sich sowohl Position der Kamera relativ zur Szene als auch die Postion und Ausrichtung darin platzierter Objekte berechnen."*[16]

Ebenso gibt es Mischverfahren, die die Vorteile der einzelnen Sensoren für sich nutzen, diese nennen sich Hybrid Tracking-System. Zu erwähnen wäre hierbei das Tracking für Augmented Reatility Systeme bei Smartphones. Diese Nutzen das nichtvisuelle Tracking durch GPS und bei manchen Smartphones auch das Gyroskop, sowie das visuelle Tracking über die Videokamera.

"Die visuellen Tracking-Systeme lassen sich in zwei Kategorien aufteilen:

- *Merkmalsbasierende Systeme*

---

15 AR-TuP, Kapitel 3.1.1 Seite 28

16 AR-Tup, Kapitel 3.1.1 Seite 28

Der Tracker erkennt innerhalb des Videobildes zweidimensionale Punkte und errechnet daraus die Kameraposition

- *Modellbasierende Systeme*
  Dem Tracker ist ein Referenzmodell bekannt; durch einen Abgleich mit dem Videobild wird die Position berechnet."[17]

Die merkmalsbasierenden Systeme werden zur Zeit am häufigsten eingesetzt. Ein Grund dafür sind die begrenzte Rechenleistung von populären Einsatzgeräten, wie z.B. Smartphones. Die verwendeten künstlichen Marker müssen sich klar durch ihre Form und Gegebenheit vom Gesamtbild abheben, um von der Videokamera schnell und genau erkannt zu werden. Im Zusammenhang mit den Markern werden die virtuellen Informationen festgelegt, welche mit der Erkennung des Markers angezeigt werden sollen, hierzu müssen diese eindeutig voneinander zu unterscheiden sein.

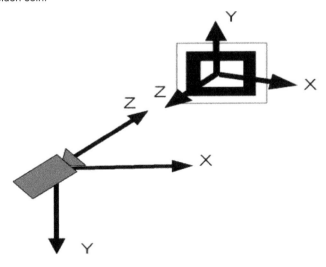

Quelle: http://www.hitl.washington.edu/artoolkit/documentation/history.htm

Anhand der Position des Markers lässt sich der Winkel und die Neigung zur Videokamera bestimmen.

---

17 AR-Tup, Kapitel 3.1.1 Seite 28

Es gibt verschiedene speziell für die einzelnen Augmented Reality-Systeme entwickelte Marker, welche sich hauptsächlich nur in Form und Darstellung unterscheiden, um eindeutig erkennbar zu sein.

Beim modellbasierten System werden die Bilder der Videokamera mit zuvor im System hinterlegten Modellen abgeglichen. Dies geschieht durch Linien, Kreise und Formen. Beispielsweise lässt sich damit ein AR-System realisieren, welches Sehenswürdigkeiten, wie den Berliner Fernsehturm, anhand seiner Form durch das im System hinterlegte Modell erkennt und virtuelle Informationen auf dem Display wiedergibt. Zu den modellbasierten Systemen gehört auch das „Facetracking", welches Gesichter anhand ihrer Merkmale erkennt.

Im Gegensatz zum merkmalsbasierten System erfordert das modellbasierte System mehr Rechenleistung und ist durch das teilweise schwierige Erkennen von Modellen mehr mit Fehlern in diesem Prozess belastet. Deswegen eignet es sich oftmals besser als ein modellbasiertes System.[18]

---

18 AR-Tup, vgl. Kapitel 3

3.1.2 Darstellung

Die Darstellung bei Augmented Reality-Systemen basiert auf zwei Prinzipien: der Überlagerung von virtuellen Daten in die freie Sicht durch Optical See-Through Displays oder durch die Darstellung von virtuellen Daten auf Videobildern durch Video See-Through Displays.

Markus Tönnis beschreibt den Aufbau von Optical See-Through mit seinen Vor- und Nachteilen wie folgt:

„Optical See-Through sind Displays, die den direkten Blick auf die umgebende Welt ermöglichen und ein Computerdisplay durch einen halbdurchlässigen Spiegel, einen sog. „Combiner", in das Sichtfeld einblenden. Der Vorteil dieser Art von Displays liegt in der Erhaltung der direkten Sicht auf die Umgebung. Nachteilig ist die zeitliche Verzögerung in der Darstellung der computergenerierten virtuellen Objekte. Während die Sicht auf die Umgebung bei jeder Bewegung sofort vom Auge aufgenommen wird, muss für die computergenerierten Objekte zunächst die Bewegung von Sensoren getrackt und die neue Position und Lage berechnet werden. Dieser Vorgang benötigt einige Zeit. Selbst kleine Verzögerungen von Millisekunden erzeugen bereits Schwimmeffekte, das virtuelle Bild hängt dem realen hinterher und scheint zu schwimmen. Im Englischen bezeichnet der Begriff „lag" diese zeitliche Verzögerung. Weiterhin ist das virtuelle Bild bei Optical See-Through Displays transparent. Durch die halbdurchlässige Einspielung des Computerbildes scheint das reale Umfeld immer durch."[19]

Zum Video See-Through Display steht folgendes in dem Buch von Markus Tönnis:

„Video See-Through Displays verwenden Videokameras. Das Bild einer Kamera (oder zwei, eine für jedes Auge) wird im Hintergrund des Computerdisplays angezeigt, davor werden die virtuellen Objekte gerendert. Der Vorteil dieser Art von Displays liegt darin, dass der lag und die damit zusammenhängenden Schwimmeffekte kompensiert werden können. Das Kamerabild wird um denselben Zeitraum verzögert, den das Computersystem zur Positions- und Lagebestimmung und zum Rendering (natürlich abzüglicher der Zeit, die notwendig ist, um das Kamerabild zu rendern) benötigt. Allerdings hängt das

---

19 Tönnis, Kapitel 2.2 Seite 21ff.

Gesamtbild den Bewegungen des Benutzers um genau diesen Zeitraum hinterher. Ein weiterer Nachteil dieser Art von Bildfusion ist, dass die Sicht auf die Realität schlechter wird. Je nach Auflösung der Kamera erscheint das Bild der Umgebung in reduzierter Qualität.[20]

Es lässt sich also heraus lesen, dass jedes Prinzip seine Vorteile und Nachteile hat. Man muss nun bei jedem System abschätzen, welche Darstellungsform am geeignetsten ist.

Anhand der eben erklärten Techniken zur Darstellung kann man die für Augmented Reality verwendeten Displays in folgende Kategorien einteilen: die Head-Mounted Displays, Head-Up Displays, Raum- oder Umgebungsfixierte Displays, Bewegliche Displays und Handheld Displays wie beim Smartphone beispielsweise.[21]

---

20 Tönnis, Kapitel 2.2 Seite 22

21 Tönnis, vgl. Kapitel 2.2

3.1.2.1 Head-Mounted Display

Das Head-Mounted Display ist die klassische Methode zur Darstellung von Augmented Reality. Das HMD kann auf Basis des Optical See-Trough Display mit Hilfe eines sogenannten „Combiners" (ein schräger durchsichtiger Spiegel) oder auf Basis eines Video See-Trough Display mit Videokameras realisiert werden. Der große Vorteil des HMD ist die Bewegungsfreiheit und das man während eines Prozess den Blick für die Informationen nicht abwenden muss. Nachteilig an einigen Modellen jedoch ist, dass das komplette System am Körper getragen werden muss und dass ein hoher Rechenaufwand nötig ist, um die Daten bei diesem System zu verarbeiten. Ebenso besteht hier, wie oben bei den Optical See-Through Display schon beschrieben, das Problem, dass die virtuellen Objekte verwischen. Genauso bringen Video See-Through Displays den Nachteil mit sich, dass das aufgenommene Bild eine schlechtere Bildqualität besitzt als das reale Erscheinungsbild.

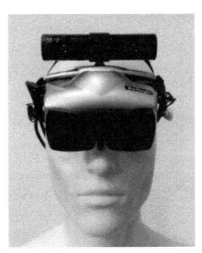

Quelle: vrealities.com/z800proar.html

19

3.1.2.2 Head-Up Display

Wie schon im Kapitel zur Entstehung von AR angesprochen, wurde das Head-Up Display für das Militär entwickelt. Hierbei werden die virtuellen Objekte in Sichthöhe des Betrachters auf eine Projektionsfläche übertragen, so sieht der Benutzer ähnlich wie bei dem HMD die reale Welt und die virtuellen Daten, es handelt sich also um ein See-Through Display. Diese Art der Darstellung findet auch immer mehr Verwendung in der Automobilindustrie, doch dazu bei den Anwendungsszenarien später mehr.

Quelle:www.itwissen.info/

Die Vorteile des HUD sind, dass dem Benutzer alle zum Zeitpunkt wichtigen Informationen genau im Sichtfeld angezeigt werden, ohne dass er selber interagieren oder seinen Blick abwenden muss. Schwächen dieser Darstellung sind jedoch, dass der Benutzer aufgrund von zu vielen Informationen abgelenkt werden kann, ebenso ist es technisch sehr aufwändig und gerade in der Automobilindustrie ist noch nicht geklärt, welche rechtlichen Konsequenzen durch Schäden in Folge von Fehlinformationen zu erwarten sind. [22]

---

22 AR-TuP, vgl. Kapitel 3.2.4

3.1.2.3 Kontaktlinse

Eine auch immer wieder gerne diskutierte Form der Darstellung bei Augmented Reality Systemen sind der Einsatz von Kontaktlinsen, welche in der Lage sind auf Basis der Optical See-Through Technologie virtuelle Objekte darzustellen. Der Wunsch nach einer so kleinen und unauffälligen Lösung ist verständlich, jedoch gar nicht so einfach zu realisieren. Probleme bringt allein schon die Größe und die Art der Stromversorgung mit sich.

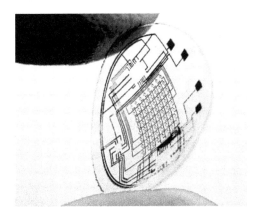

Quelle: http://winfwiki.wi-fom.de/index.php/Bild:Ar_kontaktlinse.jpg

3.1.2.4 Mobile Geräte

Handhelddisplays bei Mobiletelefonen, PDA´s oder Tablet-PC´s sind ebenfalls eine Darstellungsform von AR-Systemen, auf Basis des Video See-Through. Aufgrund ihrer Kamera, dem Display auf der anderen Seite und verschiedene Tracking Technologien sind diese sehr geeignet als Augmented Reality System. Vorteile an dieser Technologie ist die weite Verbreitung und das vorhandensein der einzelnen Komponenten. Jedoch verfügen die mobilen Geräte meist über ein kleines Display und wenig Rechenleistung.

3.1.3 Software

Zu den technischen Komponenten eines Augmented Reality-Systems gehören natürlich auch entsprechende Softwarelösungen, die die geforderten Aufgaben umsetzen. Hierfür gibt es mittlerweile viele Anbieter. Als großes deutsches Unternehmen ist hier das Unternehmen Metaio zu erwähnen, das seine eigene Augmented Reality Software entwickelt und vertreibt.[23]

Der Aufbau einer Augmented Reality Software verfolgt ein bestimmtes Schema:

„Die Entwicklung einer Anwendung läuft im Wesentlichen in drei Schritten ab:

1. *Schritt*

    Definition und Registrierung des Zielobjektes.

    Das Zielobjekt (vordefiniertes Objekt) kann ein zweidimensionales Objekt – z.B ein Bild oder Logo – oder ein dreidimensionales Objekt – z.B. eine Verpackung – sein, das mit AR Elementen zu augmentieren ist.

2. *Schritt*

    Erkennung des Objektes und Ermittlung der korrekten Position im Raum mit oder ohne Marker (Tracking/Objektlokalisierung).

3. *Schritt*

    Überlagerung des Zielobjektes mit den virtuellen Objekten wie z.B. mit dreidimensionalen Objekten, Audio- oder Videosequenzen, Bildern etc. (Rendering/Augmentierung)."[24]

Um den Benutzern die computergestützte Erweiterung der Realität zu ermöglichen, werden immer mehr sogenannte Augmented Reality Browser eingesetzt, in denen man bestimmte Kanäle für die angezeigten Informationen wählen kann. Hierzu sind Anwendungen wie Wikitude und Layer für Smartphones zu nennen, auf welche ich später noch genauer eingehen werde.

Die wohl bekannteste und erste Open-Source Augmented Reality Software ist wohl das AR-Toolkit, welche, wie bereits erwähnt, 1999 entstand und mittlerweile auch schon über Flash in Webbrowsern verwendbar ist.

Diese „Browser" oder auch „Player" sind abhängig von der Art, wie man sie

---

23 Metaio

24 AR-TuP, Kapitel 3.3, Seite 49

einsetzt. Sie werden wie folgt beschrieben:

„Gerade der Player ist stark vom gewünschten Anwendungsszenario abhängig:

- Bei festinstallierten Anwendungen ist der Player im angeschlossenen Rechner installiert (und lizensiert).
- Bei verteilten Anwendungen, d. h. auch bei @Home-Anwendungen wird der Player in eine ausführbare Datei eingebunden, die auch die Objekte und Szenarien enthält.
- Bei Web-Anwendungen wiederum wird der Player als Plug-In geliefert.
- Bei Anwendungen im Mobiltelefonbereich werden die gängigen Technologien (z.B. GoogleApps) eingesetzt. Layar ist beispielsweise ein AR Browser, der entsprechende Anwendungen auf dem iPhone oder dem Android-System unterstützt. (Layar, 2010)"[25]

Es gibt AR Software für nahezu alle Betriebssysteme auf Personal Computern und Smartphones, gängige Plattformen sind zum Beispiel Windows, Linux, Symbian, Android und iOS.

---

25 AR-TuP, Kapitel 3.3, Seite 50

4. Anwendungsszenarien von Augmented Reality

In diesem Kapitel möchte ich wichtige Anwendungsfälle von Augmented Reality in verschiedenen Anwendungsgebieten erläutern.

4.1 Anwendungsgebiete

Die computergestützte Erweiterung der Realitätswahrnehmung findet in vielen Bereichen Anwendung, ob in der Medizin, beim Militär, in der Industrie, Forschung und Entwicklung, im Edutainment, bei Unterhaltungselektronik, in Service und Sicherheit sowie bei vielen Prozessen in der Wirtschaft. Nachfolgend werde ich einige Anwendungsszenarien aufgeteilt nach Anwendungsbereichen vorstellen um den heutigen und zukünftigen Einsatz von AR-Systemen aufzuzeigen. Besonders möchte ich den Nutzen in den verschiedenen Bereichen durch Augmented Reality darstellen.

4.1.1 Industrie

In der Industrie kann AR einen erheblichen Nutzen erzielen, zum Beispiel in der Konstruktion, durch Prozessbeschleunigung oder Fehlerverringerung. Dies wirkt sich positiv auf die Qualität und Durchlaufzeiten sowie die Produktionskosten aus.

Unterstützung in der Fertigung - Karosseriebau

Als Beispiel möchte ich auf den von Markus Tönnis in seinem Buch "Augmented Reality – Einblicke in die Erweiterte Realität" in Kapitel 5.1 (S. 127) zum Thema Augmented Reality in der Automobilindustrie vorgestellten Anwendungsfall der Prozessoptimierung beim Karosseriebau eingehen. Beim Karosseriebau kommt irgendwann der Arbeitsschritt, in dem die verschiedenen Karosserieteile zusammengefügt werden. Dazu müssen auf die Grundkarosserie Bolzen geschweißt werden. Weichen diese nur wenige Millimeter von der Position ab an der sie sein sollen, passt die ganze Karosserie nicht mehr zusammen und die Bolzen müssen noch einmal abmontiert werden. Um in diesem Prozess Fehler zu vermeiden und die Bolzen exakt platzieren zu können, kann die erweiterte Realität eingesetzt werden.

Im den von Markus Tönnis beschriebenen Beispiel wird ein Augmented Reality-System in der Fertigungshalle installiert. Das Tracking erfolgt über fest montierte Kameras in der Halle und wird durch eine mobile Kamera ergänzt, falls die Bolzenschusspistole an Stellen ist, die nicht durch die Deckenkameras erfasst werden können. Die Erkennung erfolgt über definierte Markerkugeln an der Pistole und an der Karosserie, wodurch den Kameras die genauen Postionen bekannt sind. Nun errechnet das System, in welchen Winkel die Bolzen auf die Karosserie angebracht werden müssen. Durch ein Display an der Bolzenschusspistole wird der Arbeiter erst durch eine Art Kompass zum Schweißpunkt geführt und anschließend erscheint eine Art Wasserwaage, mit der der Monteur sehen kann, in welchen Winkel er den Bolzen schweißen muss. Ebenso evaluiert das System den Vorgang und gibt bei zu großer Abweichung den Befehl den Bolzen nochmal neu zu schweißen.

Vor dem Einsatz einer computergestützten Erweiterung der Realität war dieser Prozess in 2 Schritte geteilt, zuerst musste ein Messarm die Punkte kennzeichnen, danach schweißten die Arbeiter die Bolzen. In beiden Prozessen kam es zu erheblichen Fehlerquoten. Durch das Verwenden eines Augmented Reality Systems konnten beide Prozesse in einen Arbeitsvorgang integriert und die Fehlerquote deutlich gesenkt werden. Ebenso wurde die Durchlaufzeit durch Zusammenlegung der beiden Prozesse beschleunigt. Man kann also durchaus behaupten, dass Augmented Reality bei dieser Aufgabe einen wirtschaftlichen Nutzen bringt, da der Prozess erheblich qualitativ und quantitativ verbessert wurde. Leider sind zu diesem Prozess keine genauen Zahlen vorhanden, mit denen die Verbesserung gemessen werden kann. Aber dass Zeit und Kosten im Prozess durch den Einsatz des Augmented Reality Systems gespart werden, ist ein Fakt. Ich denke, dass der Prozess durch die Zusammenlegung von 2 Arbeitsschritten und den Gebrauch dieser Technologie doppelt so schnell erledigt werden kann und dass die Fehlerquote beim Schweißen der Bolzen nahezu bei Null liegt.[26]

---

26 Tönnis, vgl. Kapitel 5.1

Unterstützung in der Landwirtschaft

Ebenso findet die erweiterte Realität mittlerweile in der Land- und Viehwirtschaft Verwendung. Die dänische Firma „AgroTech" hat ein Augmented Reality-System entwickelt, mit dem sich durch eine Optical See-Through Brille alle relevanten Informationen zu einem landwirtschaftlichen Betrieb anzeigen lassen. Auf dem HMD werden dann zum Beispiel Informationen angezeigt, wie warm es in einem Viehstall und wie hoch die Luftfeuchtigkeit ist, wenn man von außen auf ihn blickt, oder wann die Kühe gemolken werden müssen mit einer Analyse der Milch, visualisiert ohne genau an der Melkmaschine zu stehen.

Es lassen sich fast alle Informationen in dem Video[27] anzeigen, der Bauer guckt auf die Windkrafträder in der Nähe und bekommt die aktuelle Stromerzeugung in Kilowattstunden angezeigt. Es kann sogar herannahendes Wetter anzeigen und weiß, wieviel Heu und Futter im Lager ist. Inwiefern sich diese Sachen realisieren lassen, ist jedoch unklar, da hierzu keine Quellen gegeben sind und im Video nur ein Konzept gezeigt wird. Jedoch finde ich das im Video gezeigte Konzept der „AgroTech" sehr interessant und nützlich, insofern es irgendwann wirklich so in der Agrarindustrie genutzt werden kann. Dann würde es einen wirtschaftlichen Nutzen bringen und eine Erleichterung für die Bauern.

Montage – Türschlösser bei Automobilen

Bei meiner Recherche bin ich auf ein weiteres Beispiel gestoßen, nämlich wie AR-Systeme beim Einbau von Türschlössern in Kraftfahrzeugen behilflich sein können:

„Diese Anwendung wurde im Rahmen einer Durchführbarkeitsstudie in Zusammenarbeit mit BMW durchgeführt. Sie stellt nun eine Verbindung zwischen virtuellen Prototypen, welche in Form von CAD-Daten der Tür und des Schlosses verfügbar waren, und dem realen Einbau durch einen Menschen. Das System wurde der Öffentlichkeit auf der Hannover Industriemesse 1998 vorgestellt und war damals die erste Präsentation einer Augmented Reality Anwendung für die Industrie, in Deutschland. Die Aufgabe bestand darin, durch eine praktische Anwendung AR-Konzepte normalen Menschen (in diesem Fall Messebesucher) näher zu bringen. Dies wurde durch ein 3D-Animations- und Rendering-System

---

27 AR-Times

verwirklicht [...]"[28]

Folgende Arbeitsschritte mussten absolviert werden:

„Vor dem Einbau muss ein kleiner, von außen kaum sichtbarer Hebel in richtige Postion gebracht werden, was durch 2 Pfeile gekennzeichnet wird. Danach muss das Schloss richtig gehalten in die enge Tür eingebaut werden, was anhand der Animation gezeigt wird. Schließlich wird es mit 3 Schrauben an der Tür befestigt, die Richtung in die man schrauben soll und die Position der Löcher wird mit animierten Pfeilen angezeigt. Da dieser Vorgang beide Hände benötigt, war keine Interaktion mit Händen möglich und deshalb wurde eine Sprachsteuerung verwendet."[29]

Als abschließendes Fazit schreibt der Autor:

„Das System lief während der Zeit auf der Messe stabil. Die Sprachsteuerung musste jedoch aufgrund hoher Umgebungslautstärke abgeschaltet werden und es wurde eine selbst voranschreitende Demo abgespielt. Auch bei der Initialisierung gab es kleinere Schwierigkeiten, da die Benutzer nach virtuellen Bildern suchend ihren Kopf nicht kurzzeitig still halten konnten. Diese Probleme können jedoch mit besserer Hard- und Software in den Griff bekommen werden. Das Feedback des Publikums war sehr positiv und mehrere Firmen boten konkrete Projekte an, die dann auch teilweise aufgenommen wurden."[30]

Man merkt, schon damals gab es durchaus vorzeigbare AR-Systeme. Es wurden Überlegungen angestellt, eine Problematik zu vereinfachen und diese so effizient und präzise wie möglich darzustellen. Ein ganz normaler Prozess für dessen Zielerreichung eine computergestützte Erweiterung der Realitätswahrnehmung durchaus geeignet erscheint.

---

28 Orschewski, Seite 2

29 Orschewski, Seite 5

30 Orschewski, Seite 2

4.1.2 Service und Sicherheit

Elektronisches AR-Handbuch

Ein Beispiel zum Einsatz von Augmented Reality im Servicebereich ist ihre Verwendung im Bereich Reparatur und Wartung von Maschinen. In Form ein elektronisches Handbuches, zeigt es je nach bedienter Maschine oder verwendeten Bauteil spezielle Informationen an, welche Schritte als nächstes notwendig sind, wo ein Bauteil montiert werden soll oder wie es sich austauschen lässt. Schritt für Schritt. Hierzu habe ich ein Video auf Youtube gefunden, das sich mit dem Einsatz der erweiterten Realität im Bereich Instandhaltung und Reparatur von Maschinen beschäftigt. Dieses Video[31] ist durch das „International Symposium on Mixed and Augmented Reality" (ISMAR) entstanden im Zusammenhang mit Überlegungen, wie Augmented Reality im Bereich von Reparatur und Wartung von Nutzen sein kann. Der Benutzer schaut durch ein Optical See-Trough Head-Mounted-Display und bekommt so alle Informationen genau in sein Sichtfeld und kann trotzdem die Maschine im ganzen sehen. Durch die Kameras werden die einzelnen Bauteile der Maschine getrackt. Erkennt das System diese, können nun ausgewählte Funktionen durch einen Controller am Handgelenk gestartet werden. Nun wird mit dem Benutzer Schritt für Schritt der gewünschte Prozess ausgeführt. ISMAR entwickelte lediglich einen Prototypen, der jedoch überzeugen konnte und machte auch einige Usability-Tests, die im Video zu sehen sind. Alles in allem könnte dieses Projekt in Zukunft wirklich in der Industrie eingesetzt werden.

Die Autoren von „Augmented Reality – Theorie und Praxis" nennen ebenfalls im Kapitel „2.3 Einsatzbereiche und Anwendungsbeispiele" den Einsatz von Augmented Reality Systemen im Bereich Reparatur und Wartung. In diesem Fall bei Kfz-Mechanikern, welche sich Informationen zu Bauteilen anzeigen lassen können oder 3D Explosionszeichnungen, um einen besseren Überblick und Verständnis über die Problematik zu bekommen. Hier wird ebenfalls ein Head-Mounted Display mit der Optical See-Through Lösung benutzt.[32]

---

31 YouRepa

32 AR-TuP, vgl. Kapitel 2.3

In „ARVIKA – Augmented Reality für Entwicklung, Produktion und Service" von Wolfgang Friedrich Kapitel 7.3 „AR im Service für Luftfahrzeuge" beschreibt Friedrich ebenfalls den Einsatz der erweiterten Realität, in diesem Fall in der Luftfahrttechnik. Er erwähnt dabei die hohe Anforderungen an die Mechaniker, die immer komplexeren Maschinen und größeren Dokumentationen beziehungsweise Betriebsanleitung für Maschinen. Das klassische Mittel zur Steuerung und Kontrolle ist immer noch das Papier, so Friedrich. Die Arbeiter sind somit immer ein wenig, von ihrer Arbeit abgelenkt weil sie alles zuerst in speziellen Dokumenten nachschlagen müssen. Da die Flugzeugwartung relativ umfangreich und kompliziert ist, spielen Zeit und Kosten eine enorme Rolle im zunehmenden Wettbewerb. Friedrich schreibt, dass durch Augmented Reality im Wartungsbereich weniger Zeit benötigt würde, aufgrund eines besseren Informationsmanagements. Positive Nebeneffekte sind eine höhere Qualität und weniger Schulungskosten für die Mitarbeiter, was auch weniger Arbeitsausfälle mit sich bringt. Auch hier wird ein HMD mit Optical See-Through eingesetzt.[33]

Speziell für den täglichen und nicht gewerblich Gebrauch gibt es auch eine Art elektronischer Handbücher, die mit Hilfe von Augmented Reality Anwendungen auf Smartphones verwendet werden können. Hierbei möchte ich auf die schon bereits genannte Anwendung „Junaio" der Firma Metaio berufen, welche sich mit ihren AR Lösungen erfolgreich am Markt etabliert hat. Im Internet auf der Plattform „Youtube"[34] hat die Firma Metaio einen eigenen Kanal zu diesem Thema.

Ein Video[35] zeigt, wie mit der Anwendung bei einem Drucker die Tonerpatrone getauscht werden kann. Dazu muss der Benutzer die Anwendung starten und mit der Kamera auf den Drucker schwenken. Das Programm erkennt nun durch eine modellbasierte Erkennung den Drucker und legt ein digitale Kopie der Form über den Drucker. Nun wird durch einen Pfeil markiert, welche Klappe geöffnet werden muss, um die Patrone zu wechseln. Hat der Nutzer dies getan, wird auch digital der Prozess nachgestellt, als Hinweis, dass er erfolgreich war. Anschließend folgen nach dem Schema alle Schritte, die zum Tauschen der Patrone notwendig

---

33 ARVIKA2, vgl. Kapitel 7.3, S. 225
34 Http://www.youtube.com
35 Metaio2

sind. Das Beispiel im Video beschreibt vielleicht nicht gerade einen Prozess, der sehr komplex ist und den Einsatz von AR benötigt. Hierzu ist zu sagen, dass das Beispiel nur die Möglichkeiten aufzeigen soll. Zutreffender wäre der Einsatz von AR-Handbüchern zum Beispiel, wenn mein Computer kaputt ist oder ich Teile tauschen möchte. Ebenso könnte ich mir den Einsatz für den privaten Gebrauch bei Waschmaschinen, Soundsystemen, den Aufbau von Möbeln etc. vorstellen. Mit der Anwendung der Firma Metaio könnten gedruckte Handbücher zur Vergangenheit gehören und durch die computergestützte Erweiterung der Realitätswahrnehmung zu einem einfachen Prozess werden.

AR HUDs in Automobilen

Zwei Anwendungsszenarien, welche ich zu Service und Sicherheit zählen möchte, kommen aus dem automotiven Bereich und befassen sich mit der verbesserten Sicht, nämlich das „Nightvision" und die Großdistanz HUDs. Nightvision beschäftigt sich mit der verbesserten Sicht bei Fahrten in der Dunkelheit. Besonderes Augenmerk wird hierbei darauf gelegt, Fußgänger früher zu erkennen. Markus Tönnis nimmt in seinem Buch Bezug auf eine Entwicklung von Ullrich Bergmeier an der TU in München.[36] Tönnis beschreibt, dass Bergmeier das Bild einer Infrarotkamera benutzt und die Daten dann an das Head-Up Display übergibt. Werden Personen in der Ferne am Fahrbahnrand erkannt, so werden diese mit einem eckigen Fenster in roter Farbe umrandet. Ebenso ein System für schlechte Wetterlagen, wie Regen oder Nebel, wäre vorstellbar. Jedoch genügen dafür nicht die Eigenschaften einer Infrarotkamera, so Tönnis. Um den Nutzen eines solchen Systems zu zeigen, führte Bergmeier eine Studie durch, die Tönnis in seinem Buch beschreibt und dessen Ergebnisse ich an dieser Stelle zitieren möchte. Es wurden dazu ein vorhandenes Nightvisionsystem mit einer Anzeige im Zentraldisplay oder im HUD, eine AR Anzeige im HUD mit Überlagerung der Personen und ohne Hilfsmittel miteinander verglichen.

„27 Versuchspersonen wurden getestet. Sie mussten beide Varianten ausprobieren und auch ohne jegliche Assistenz Personen erkennen. Ohne jede Assistenz wurden Personen im Schnitt in einer Distanz von ca. 50m gesehen. Mit der überlagerten Anzeige im HUD stieg die Entfernung auf ca. 60m. Das erscheint

---

36 Bergmeier

zwar im ersten Moment als kein allzu großer Unterschied, liegt jedoch über der durchschnittlichen Reichweite eines Abblendlichtes. Auch in Bezug auf die Darstellung einer expliziten Warnung über das Vorhandensein eines Fußgängers konnten Aussagen getroffen werden. Während die Versuchspersonen im Schnitt 1,3s benötigten, um eine Warnung im Zentraldisplay zu erkennen, benötigten sie nur 0,65s um dieselbe Warnung im HUD zu erkennen. Die direkte Informationsüberlagerung mit umrandeten Personen war allerdings nochmals schneller zu erkennen. Hier wurden im Schnitt nur 0,3s benötigt, was einen signifikanten Unterschied ausmacht. Auch die relative Erkennungsrate, d.h. das Erkennen einer sicherheitskritischen Situation an sich, liegt bei der AR-Anzeige im HUD bei nahezu 100%. Bei der Anzeige im zentralen Display werden nur ca. 39% erkannt."[37]

Ich persönlich bin davon überzeugt, das Augmented Reality-Systeme in Kraftfahrzeugen zu einer Erhöhung der Sicherheit im Straßenverkehr beitragen können.

Ebenso interessant beim Einsatz dieser Technologie in Automobilen, sind sogenannte AR-Navigationssysteme, bei denen die Navigation nicht auf einem Display im Cockpit oder mobilen Gerät erfolgt, sondern direkt mittels eines HUD auf der Straße. Markus Tönnis bezeichnet ein solches Navigationssystem als „Kontaktanaloges Navigationssystem". Mit dem Einsatz eines solchen Systems könnte die Navigation im Straßenverkehr nochmals vereinfacht werden, da durch die Anzeige direkt auf der Straße Missverständnisse zum Beispiel fürs Abbiegen an mehrspurigen Kreuzungen vermieden werden. Zu diesem Thema wurde an der TU München eine Studie durchgeführt, welche Darstellungsform der Pfeile für die Wahrnehmung des menschlichen Auges am besten geeignet ist. Dazu möchte ich ebenfalls ein paar Zeilen von Markus Tönnis zitieren:

„In einer Studie wurden drei verschiedene Varianten untersucht, zum einen eine vollkommen flache, zum anderen anderen eine vertikal um 10cm extrudierte Form sowie eine an der Oberseite halbrunde Form.

---

37 Tönnis, Kapitel 5.3.1 Seite 141 ff.

Die Studie zeigte, dass die halbrunde Variante signifikant schlechter abschnitt als die beiden anderen. Die halbrunde Form wurde im Schnitt bei 119m erkannt, während die 10cm hohe eckige Variante bei 149m und die flache bei 145m Entfernung identifiziert werden konnte. Zurückführen lassen sich diese Erkennungsunterschiede auf die Displaytechnologie. In großer Entfernung besteht ein Navigationspfeil aus sehr wenigen Pixeln. So ist ein Pixel des verwendeten HUD, umgerechnet auf eine Entfernung von 100m, stattliche 3,5cm breit und hoch. Kommt zur geringen Zahl von verwendbaren Pixeln eine komplexe 3-D-Struktur hinzu, bieten auch Antialiasing-Techniken keine Möglichkeiten mehr, die Form eines Objektes besser erkennbar zu machen. Die Form ist schwerer zu erkennen, als die eines einfach strukturierten Objektes. Erschwert wird das Erkennen zusätzlich durch den flachen Winkel, in dem auf die Pfeile geblickt wird. Die durchschnittliche Höhe der Augen des Autofahrers über der Straße beträgt 1,2m."[38]

Als letztes Beispiel im Anwendungsgebiet Service und Sicherheit möchte ich unter Berufung auf die Lektüre von Markus Tönnis auf den Einsatz von Augmented Reality Systemen in Kraftfahrzeugen eingehen. Hierbei handelt es sich um die Darstellung eines Bremsbalken, mit der Aufgabe dem Fahrer bei aktueller Geschwindigkeit die Entfernung anzuzeigen, die er für einen Stillstand des Autos bei einer Vollbremsung braucht. Die Anzeige erfolgt hier ebenfalls als HUD genau im Sichtfeld des Fahrers. Die Idee einer solchen Anzeige gibt es schon seit mehr als 30 Jahren. Sie ist aber schwer umzusetzen, da zwar durch Sensoren die Geschwindigkeit und der Abstand zu anderen Autos gemessen werden kann, jedoch nicht die momentane Bremskraft und Fahrbahnbeschaffenheit. Auch um den Nutzen von AR-Systemen in diesem Bereich zu klassifizieren und eine mögliche Informationsflut zu vermeiden, wurde hier eine Studie erstellt, zu der ich wiederum kurz Markus Tönnis zitieren möchte:

„Die anschließende Studie verglich beide Varianten, den Balken mit und ohne Fahrschlauch, miteinander und mit dem Fahren ohne jede Assistenz. Ergebnisse zeigen unter anderem, dass die subjektive Gesamtbelastung bei allen drei Varianten keine nennenswerte Änderung aufweist und die Spurhaltegüte

---

38 Tönnis, Kapitel 5.3.2 Seite 144 ff.

signifikant verbessert wird, je höher der Grad an visueller Assistenz ist.[39]

Fahrassistenzsysteme in Kraftfahrzeugen gibt es schon lange. Angefangen mit Unterstützungen, wie der Servolenkung und dem ABS (Anti-Blockier-System), welche noch mechanisch funktionieren. Mit der Zeit hat immer mehr Elektronik den Weg in unsere Vehikel gefunden, elektronische Systeme zur Verbesserung des Fahrverhaltens und der Sicherheit, wie ESP (Elektronisches-Stabilitäts-Programm) oder ASR (Anti-Schlupf-Regelung), sollten heutzutage zur Grundausstattung eines Fahrzeuges gehören. Der Einsatz von AR in Kraftfahrzeugen, war also nur eine Frage der Zeit und der Entwicklung der Technologie. Ich bin zuversichtlich, dass die erweiterte Realität in Zukunft noch mehr in diesem Bereich eingesetzt wird und man durchaus von einem Nutzen durch diese sprechen kann.

---

39 Tönnis, Kapitel 5.3.3, Seite 148

4.1.3 Forschung und Entwicklung

Augmented Reality-Systeme für die Entwicklung verschiedenster Produkte sind sehr interessant, da dadurch schnell und kostengünstig Daten erstellt und verglichen werden können. Wolfgang Friedrich beschreibt dazu in seinem Buch „ARVIKA" einige Anforderungen, welche sich aufgrund der Gegebenheiten von anderen Bereichen abgrenzen. Die Systeme der erweiterten Realität müssen eine hohe Qualität in der Darstellung besitzen, was in Fachkreisen auch als „High End *Rendering*" bezeichnet wird. Außerdem werden besonders 3D Objekte unter Verwendung von sehr leistungsstarken Computern und sehr genauen statischen Trackingsystemen dargestellt.

Für die Forschung und Entwicklung wird zum Beispiel Augmented Reality in der Automobilherstellung bei der Analyse von Crashtests eingesetzt, einerseits um einen Crash digital durch die Überlagerung eines anderen direkt im Sichtfeld zu vergleichen, andererseits um kostspielige reale Tests durch digitale Simulationen zu ersetzen.[40] Ziele dieser Simulationen sind die Verkürzung der Entwicklungszeit als Reaktion auf die immer kürzer werdenden Produktlebenszyklen im Automobilbereich und die Senkung von Kosten durch Simulation am Computer, um wettbewerbsfähig zu bleiben.

Digitale Testmodelle – Lackierwerkstatt

Ebenso kann in der Industrie Geld gespart werden, indem nicht-reale 1:1 Modelle für Tests modelliert werden, sondern virtuelle Modelle mit Augmented Reality. Ein Vorreiter für den Einsatz von AR-Technologien ist der Konzern Volkswagen. Das Unternehmen nutzt die erweiterte Realität schon in vielen Bereichen für sich. Zum Anwendungsgebiet Industrie lässt sich ein Anwendungsszenario in der Produktion bei VW unmittelbar vor dem Fertigungsschritt der Karosserielackierung beschreiben:

„Im Trockentunnel der Lackiererei stellte sich die Frage, ob die geplante Rohkarosse wirklich den Tunnel passieren kann ohne Schaden zu nehmen. Früher wurden 1:1 Modelle hierfür extra angefertigt, was mit enormen Kosten verbunden war. Heute werden Trackingpads an den erforderlichen Messpunkten

---

40 Arvika2, Kapitel 5.3.1

34

im Tunnel angebracht und fotografiert. Diese Fotos dienen als Grundlage für die erforderlichen Berechnungen. Die CAD-Daten der Rohkarosse werden zu einem 3D-Modell gerechnet. Nun kann dieses über die vorhandenen Fotos des Tunnels gelegt werden um verschiedene Berechnungen durchzuführen. AR ermöglicht die sofortige Analyse, ob die Rohkarosse den Tunnel ohne Schaden passiert.[41]

Ebenso ist der Gebrauch von Augmented Reality bei der Entwicklung von allen Arten von Prototypen oder der Planung von großen Bauwerken sinnvoll, wie Brücken oder Hochhäusern. Hierbei kann das Bauwerk an einem beliebigen Punkt virtuell in der Landschaft platziert werden. Dies hat den Zweck sich das Objekt besser vorstellen zu können und zu visualisieren.

---

413 SatAR, „Augmented Reality – Virtuelle Welten"

4.1.4 Medizin

Durch die immer komplexeren und schwierigeren Operationen im medizinischen Bereich und den Einsatz von neuer Technik, um mit möglichst kleinen Geräten an noch schwerer zu erreichenden Stellen zu operieren, ist ein Einsatz von AR-Systemen in diesem Bereich sinnvoll. Es gibt schon verschiedenste Anwendungen von Augmented Reality in der Medizin, welche ich in kleinen Szenarios auf den nächsten Seiten vorstellen möchte.

Überlagerung von klinischen Daten

Als erstes Beispiel ist der Einsatz der erweiterten Realität bei der Untersuchung von Patienten auf Krankheiten zu nennen, nämlich das Überlagern des Bildes des Körpers mit virtuellen klinischen Daten. Diesen Gebrauch beschreibt Markus Tönnis sehr gut in seinem Buch zum Thema Augmented Reality, weswegen ich dies an dieser Stelle zitieren möchte:

„Nicht erst bei der Operation selbst, sondern bereits bei der Diagnose und der Operationsplanung kann AR verwendet werden.

Oft werden bei Untersuchungen Röntgen-, CT- oder MRT-Bilder aufgenommen. Diese können mit AR direkt auf den untersuchten Körperteil überlagert werden. Um den zugehörigen Körperteil zu tracken, werden kleine Markerkugeln mit einer Klebefolie aufgeklebt. Mit einem HMD kann das mit klinischen Daten überlagerte Bild betrachtet werden. Mit einer getrackten sogenannten wireless Mouse kann der Benutzer zwischen verschiedenen Visualisierungen umschalten. Mit der wireless Mouse kann der Benutzer zusätzlich eine Ebene im Raum verschieben. An der Schnittfläche der Ebene mit den klinischen Daten wird ein 2-D-Bild der Körper- und Gewebestrukturen angezeigt. [...]"42

AR bei Operationen

Als zweites Beispiel im Bereich Medizin möchte ich auf den Einsatz der erweiterten Realität bei minimalinvasiven Operationen eingehen. Minimalinvasiv heißt, an kleinsten Stellen mit kleinsten Einwirkungen auf den Körper arbeiten, sprich mit endoskopischen Geräten und ähnlichen Operationswerkzeugen. Mit

---

42 Tönnis, Kapitel 5.2 Seite 133

Hilfe der eben beschriebenen Überlagerung von klinischen Daten eines Patienten kann eine minimalinvasive Operation geplant werden.

„Im Vorfeld aufgenommene CT-Daten werden verwendet, um die Zielregionen am Computer mit einem virtuellen Marker zu markieren. Anschließend werden 3-D-Modelle der endoskopischen Geräte in das Modell eingefügt, um die Platzierung der Einschnitte zu planen. Die Daten der Planung werden gespeichert. Bei der anschließenden Testoperation an einem Plastiktorso werden die geplanten 3-D-Daten der Endoskope und der Schnittpunkte in einem HMD auf den Körper überlagert. So kann der Operateur im HMD sehen, wo er schneiden und wie er die Geräte platzieren muss. Zusätzlich kann er die Sicht umschalten, um das Bild der endoskopischen Kamera zu sehen.[...]" [43]

Durch den Einsatz der computergestützten Erweiterung der Realitätswahrnehmung können Patienten also besser und sicherer operiert werden, ebenso bin ich zuversichtlich, dass der Einsatz von Augmented Reality in der Medizin zunehmen wird und so viele Prozesse optimiert werden können. Gerade im minimalinvasiven Bereich werden die normalen Sinne und Wahrnehmungen eines Chirurgen nicht mehr ausreichen. Es werden bei Operationen ja bereits Bildschirme und Kameras eingesetzt. Also warum das Bild nicht direkt in das Sichtfeld des Chirurgen holen, um so das Abwenden von der Stelle an der er operiert zu vermeiden. Ich kann mir vorstellen, dass es schwieriger ist zu operieren und in eine andere Richtung zu schauen, als das Kamerabild bei Bedarf direkt im Blick zu haben.

43Tönnis, Kapitel 5.2.2 Seite 136ff.

4.1.5 Edutainment

Kommen wir nun zu Anwendungen im Edutainment. Es wird aus dem engl. "education", was zu deutsch "Bildung oder Lernen" bedeutet und "entertainment" was "Unterhaltung" heißt, gebildet .

Museumsführer

Die Idee mobile Augmented Reality Systeme als Museumsführer einzusetzen finde ich sehr spannend, weswegen ich auf ein genanntes Beispiel von Markus Tönnis eingehen möchte. In seinem Buch beschreibt er zwei Systeme, die für das "Musée de Louvre" in Paris entwickelt wurden. Ein System sollte als Tourenführer durch das Museum dienen, das andere sollte zusätzliche Informationen zu einem Objekt geben. Da der Museumsführer nicht zu schwer sein durfte, aber der Akku zumindest die Dauer eines Rundganges im Museum halten musste, wurde ein Notebook mit einem Gewicht von unter einem Kilogramm genommen, welches als Display diente und eine Webcam besaß für ein markerloses Tracking im Gebäude, was jedoch durch ein Gyroskop unterstützt werden musste. Zur Anzeige, wohin die Tour als nächstes führt, wurde ein kleiner virtueller Ballon benutzt, der auf der Wegstrecke auf dem Bildschirm flog. Als „Museumsführer" wurde eine virtuelle Person aus der Vergangenheit des Museums konstruiert, welche durchaus beeindrucken konnte. Für die Anzeige der Zusatzinformationen zu einem Objekt reichte ein modellbasiertes Tracking aus.[44]

AR Sightseeing

Der Einsatz von Augmented Reality im Tourismus ist ebenfalls sehr interessant. Hierfür gibt es verschiedene Projekte von Instituten und erste fertige Applikationen. Als erstes bin ich bei meinen Recherchen auf ein Projekt des Frauenhofer IGD gestoßen, welches zum 20 jährigen Jubiläum des Berliner Mauerfalls eine Applikation für Smartphones entwickelte, mit der es möglich ist den Mauerverlauf und die Stadtentwicklung Berlins von 1940-2008 darzustellen.[45] Eine der ersten fertigen Applikationen für Smartphones ist die „GeoTravel"

---

44 Tönnis, vgl. Seite 154f.

45 FraunhoferIGD

Anwendung von Augmentedworks. Die Anwendung bietet alle Funktionen, damit man seine persönliche Stadtführung planen kann. Über eine Planungsfunktion im Menu der Anwendung kann man Städte suchen. Ist die gesuchte Stadt vorhanden, werden alle dazugehörigen gespeicherten „Points of Interest (POI)" angezeigt. Hier kann man nun alle POI, die für die eigene Sightseeingtour von Interesse sind, anwählen und es wird automatisch eine Route erstellt, die nach der Entfernung zum nächsten POI verläuft.[46]

Hier ein Screenshot der Anwendung auf dem iPhone:

AR im Fernsehen

Im Fernsehen kommt auch die erweiterte Realität zum Einsatz, manche Studios werden virtuell mit ihr erstellt und im Hintergrund eingeblendet, zum Beispiel das Studio der „ZDF Heute Journal" ist eines dieser „AR-Studios".[47]

Ebenso wird beim Fußball auf Augmented Reality gesetzt. Immer wenn wir bei einem Spiel vor dem Fernsehen Linien und Pfeile für Abstände und Richtungen eingeblendet bekommen, handelt es sich um diese Technologie, da die Linien und Pfeile die Realität für ein besseres Verständnis mit virtuellen Informationen

---

46 Aworks

47 AR-TuP, Seite 15f.

erweitern.

Seit dem 25. Januar 2011 setzt auch die Wissensshow „Galileo" auf Pro7 Augmented Reality ein. In manchen Folgen werden Quizfragen zu verschiedensten Themen gestellt, mit jeweils immer 3 möglichen Antworten. Die Lösungsmöglichkeiten werden unten Links im Bild dargestellt. Hat man ein Smartphone mit der Applikation „Junaio", welches ein Universal AR-Browser ist und als Kanal verschiedenster AR-Anwendungen dient, installiert und startet diese, braucht man nur noch die Kamera auf den Fernseher zu richten. So erscheinen die Antwortmöglichkeiten als virtuelle Buttons auf dem Bildschirm. Nun kann man eine Antwortmöglichkeit anklicken und erhält gleich das Ergebnis, ob die Antwort richtig war und wie viele andere Mitspieler diese Frage richtig beantwortet haben. Ich selber habe bereits bei einem von diesen Fragerunden mitgemacht und musste feststellen, das der Oberbegriff Edutainment wirklich zutrifft, da Wissen und Unterhaltung miteinander verknüpft werden.[48]

Übersetzer direkt in das Bild

Eine weitere sehr interessante Entwicklung mit der computergestützten Erweiterung der Realitätswahrnehmung ist eine Anwendung namens „WordLens". Die Applikation für Smartphones verfolgt das Ziel, Sprachen direkt im Bild zu übersetzen. Beispielsweise um Hinweisschilder oder Verkehrsschilder im Ausland übersetzen zu lassen. In der Demoversion des Programms werden die Wörter im Bild umgedreht, dies funktioniert auf großen ebenen Flächen gut, auf Flaschen zum Beispiel nicht so gut. Alles in allem ist „WordLens" aber eine sehr gute Idee und ein passendes Beispiel, um den potenziellen Nutzen von Augmented Reality aufzuzeigen.

---

48 Galileo

4.1.6 Marketing

Im Bereich Marketing konnte sich Augmented Reality bereits immer mehr integrieren. Viele Firmen bewerben ihre Produkte bereits mittels dieser Technologie. Da AR noch nicht vielen bekannt ist und auf den ersten Blick sehr verspielt und unterhaltsam wirkt, schafft es schnell großes Interesse. Bei meinen Recherchen bin ich auf einen Blog namens „of the record"[49] gestoßen . Dieser Blog beschäftigt sich mit den Themen Marketing, Werbung und Medien und stellt einige Videos zu AR-Anwendungen im Marketing vor.

Als erstes Beispiel wird ein Video gezeigt, bei dem sich Lego eines AR-Systems bedient. Lego hat seit Neustem in einigen Läden einen Bildschirm aufgestellt der mit Hilfe von Markern auf den Lego Verpackungen den Inhalt erkennt und auf dem Bildschirm über der Verpackung ein 3D-Modell des Inhaltes anzeigt.

Quelle: http://news.cnet.com/i/tim//2010/04/23/Lego_Digital_Box.JPG

Ebenso hat sich Adidas eine Kleinigkeit zum Thema Augmented Reality einfallen lassen, um seine Kunden zu unterhalten. Wenn man bestimmte Schuhe auf der Seite von Adidas bei einer Webanwendung vor die Kamera hält, erscheint auf dem Schuh eine kleine Stadt und das Ereignis wird musikalisch untermalt.

---

49 offtherecord

Quelle: http://www.viralblog.com/wp-content/uploads/2009/12/adidas.jpg

An so manchen Ecken im World Wide Web wird man viele solcher kleinen „Marketinggags" finden. Ich denke, diese zwei Beispiele haben veranschaulicht, welcher Weg mit Augmented Reality im Zusammenhang mit dem Marketing eingeschlagen wird! Der Kerngedanke liegt auf der Hand: auffallen um jeden Preis. Das Interesse der Kunden wecken, um somit den Verkauf und die Absatzzahlen steigern. Dabei ist es erstaunlich, wie vielseitig und kreativ die einzelnen PR-Kampagnen sind. Der Kunde, der keine Ahnung von der erweiterten Realität hat, ist zunächst höchst beeindruckt. „Seit wann lebt auf meinem Schuh eine virtuelle Stadt?", werden sich so manche Leute fragen. Ich denke, dass gerade im Bereich des Marketings noch viel Potenzial steckt. Wenn man nur daran denkt, wie viel virtuelle Werbefläche es auf der Welt gibt. Es wäre möglich, jede real beworbene Fläche ebenfalls digital zu bewerben. Doch nur als kleiner Ansatz für eine Problematik in diesem Zusammenhang, wem gehört diese digitale Werbefläche? Wer darf auf ihnen überhaupt werben und wie kann kontrolliert werden, was überhaupt virtuell beworben wird? Ich denke jeder weiß, dass Werbeflächen in Zentren von Großstädten viel Geld kosten, virtuell wären sie bis jetzt noch ohne Gebühr!

4.2 Bewertung der Anwendungen und Anwendungsbereiche

Vorweg möchte ich sagen, dass es sehr schwierig ist, Augmented Reality Anwendungen wirtschaftlich zu bewerten, da ihre wirtschaftliche Bedeutung zur Zeit noch sehr gering ist. Trotzdem habe ich mir die Frage gestellt, welche Kriterien für die Bewertung sinnvoll sind. Ersteinmal ist klarzustellen, dass man den Nutzen nicht rein objektiv, d.h. anhand von Zahlen belegen kann. Vielmehr ist es wichtig einzuschätzen, welche Vorteile eine AR-Applikation für den Anwender mit sich bringt. Dies lässt sich jedoch schwer mit wirtschaftlichen Kennzahlen ermitteln. Auch verschiedene wirtschaftliche Analysen zum Geldfluss wie „Return of Investment", das Berechnen von Rentabilität, Amortisation, sowie Kosten gestaltet sich als sehr schwierig. Dies hat einerseits den Grund, dass eine Festlegung auf Kennzahlen schwierig ist, oder andererseits keine Kennzahlen zur Messung vorhanden sind.

Ich möchte meine Bewertung der Anwendungsbereiche auf Grundlage der beschriebenen Anwendungsszenarien vollziehen. Um überhaupt eine Bewertung durchzuführen, möchte ich mich nicht auf Zahlen beschränken, sondern auch subjektive Aspekte mit einbeziehen. Ich habe mir folgende Bewertungskriterien für eine Beurteilung überlegt:

- Realisierbarkeit

  Unter diesem Punkt sind alle Schritte gemeint, die bis zur Einführung durchlaufen werden, wie Entwicklungszeit und Einführungszeit. Hierbei sind Fragen zu klären, wie lange die Entwicklung eines Einsatzes von AR-Applikationen dauert und wie aufwendig die Einführung des neuen Systems ist.

- Quantitative Verbesserungen

  Hierzu zählen alle quantitativen Verbesserungen, wie die Verkürzung der Durchlaufzeit, eine Kostenreduktion, geringerer Verbrauch von Ressourcen, Produktionssteigerungen, Erhöhung von Absatzzahlen, Zunahme von Kunden.

- Qualitative Verbesserungen

  Die qualitativen Verbesserungen sind zwar nicht so leicht messbar wie die quantitativen Verbesserungen, jedoch sind sie ein wichtiger Faktor bei der

Bewertung von Augmented Reality-Systemen. Zu den qualitativen Verbesserungen gehören: eine strukturelle Vereinfachung des Prozesses, eine verbesserte Informationsbereitstellung für den Anwender, Verringerung von Fehlerquoten, Entlastung des Arbeiters im Arbeitsschritt, eine höhere Motivation von Mitarbeitern, die Erhöhung der Sicherheit, sowie eine Verbesserung der Lebensqualität.

- Kostenaspekt

Auch wenn hierzu nicht viele Informationen vorhanden sind, gehören Anschaffungskosten, fixe und variable Kosten, Wartungskosten, Reparaturkosten, Schulungskosten etc. dazu.

- Usability

Die Benutzerfreundlichkeit ist eigentlich ein qualitativer Aspekt. In meinen Augen ist sie von solcher Bedeutung, dass sie ein eigenes Kriterium darstellt. Zu der Benutzerfreundlichkeit gehören die Bedienbarkeit, die Attraktivität, sowie die Funktionsweise der Interaktion zwischen einem Menschen und einem AR-System.

- Risiken

Gemeint sind Risiken durch Fehlinformationen, Fehlfunktionen, Ausfallzeiten etc.

Anhand meiner gewählten Kriterien werde ich nun auf den nächsten Seiten die einzelnen Anwendungsgebiete unter Einbeziehung der Applikationsbeispiele beschreiben und am Ende eine Nutzwertanalyse durchführen, um die Anwendungen nach dem Nutzen durch den Einsatz von AR-Systemen zu vergleichen.

Anwendungsgebiet: Industrie

Als Beispiel für den Einsatz von AR-Systemen in der Industrie habe ich unter anderem die Verwendung der computergestützten Erweiterung der Realitätswahrnehmung im Karosseriebau beschrieben.

Zur Realisierbarkeit des AR-Systems habe ich kaum Informationen gefunden, jedoch denke ich, dass die Realisierung für ein vergleichbares System in der Automobilherstellung relativ unkompliziert war, besonders was die Entwicklung und Materialkosten angeht. Ich würde den Aufwand für die Realisierung als mittelmäßig einschätzen, nicht zu hoch aber auch nicht zu gering.

Quantitative Verbesserungen konnten durch die Beschleunigung des Prozesses erzielt werden, dadurch vermutlich eine Kostenreduktion aufgrund der verringerten Durchlaufzeiten sowie eventuell eine Erhöhung der Absatzzahlen, aber darüber lässt sich nur spekulieren.

Zu den qualitativen Verbesserungen sind bei diesem Beispiel die strukturelle Verbesserung des Prozesses, die verbesserte Informationsbereitstellung durch den Bildschirm mit Winkel und Positionsanzeige des Bolzen, sowie die Verringerung der Fehlerquote und eine Entlastung des Arbeiters zu nennen.

Zum Preis- und Kostenaspekt kann ich leider nicht viele Aussagen treffen. Das System wird sicherlich einiges gekostet haben, wobei die tatsächlichen Kosten nur zu vermuten sind. Die Kosten für das laufende System schätze ich jedoch relativ gering ein, es entstehen zusätzliche Stromkosten sowie vielleicht Wartungs- und Reparaturkosten, falls ein Display oder eine Kamera kaputt gehen sollte.

Das Kriterium Usability wird bei diesem Beispiel fast vollständig erfüllt, jedoch denke ich, dass es noch bessere Möglichkeiten gibt, den genauen Punkt an dem der Bolzen geschweißt werden muss, zu visualisieren.

Risiken gibt es bei diesem System, nämlich einen Produktionsstillstand bei Ausfall des Systems oder Fehlern in der Montage, bei Fehlfunktion oder Fehlinformation durch das System.

Anwendungsgebiet: Service und Sicherheit

Im Anwendungsbereich Service und Sicherheit gab es zwei große Beispiele, nämlich AR-Systeme zur Unterstützung bei Reparatur und Wartung sowie Systeme zur Steigerung der Sicherheit in Kraftfahrzeugen.

Die Realisierung solcher Systeme ist mit viel Aufwand verbunden, da beim Service und bei der Reparatur Objekte und Prozeduren in die Datenbank gespeichert werden müssen. Bei den Sicherheitssystemen in Automobilen bedarf es einer umfangreichen Testphase, bevor solch ein System tatsächlich zum Einsatz kommt. Quantitative Verbesserungen im Bereich Service und Sicherheit sind schnellere Durchlaufzeiten und früheres Erkennen von Gefahren.

Qualitative Verbesserungen sind eine Vereinfachung des Prozesses z.B. durch HMD und Reparaturanweisungen Schritt für Schritt oder durch Navigation direkt ins Blickfeld. Außerdem wird in beiden Bereichen eine bessere Informationsbereitstellung geboten und der Anwender entlastet. Zudem wird die Sicherheit gesteigert und Fehler vermieden.

Zum Kostenaspekt sind wiederum keine genauen Zahlen vorhanden, dennoch denke ich, dass gerade bei den Sicherheitssystemen in Kfz´s viel investiert werden muss.

Alle vorgestellten Systeme in diesem Bereich sind sehr benutzerfreundlich, bessere Interaktionen zwischen Mensch und Maschine sind zu erwarten im Zusammenhang mit der Weiterentwicklung von Augmented Reality.

Risiken entstehen, wenn die Systeme falsch funktionieren. Im Service beispielsweise, wenn falsche Anweisungen gegeben werden und im Bereich Sicherheit, wenn falsche Warnungen erscheinen oder man sich nur noch auf das System verlässt und es dann nicht richtig funktioniert.

Anwendungsgebiet: Forschung und Entwicklung

Die Realisierbarkeit im Bereich Forschung und Entwicklung ist natürlich anders einzuschätzen, da meist nie fertige Systeme verwendet werden, sondern Prototypen.

Quantitative Verbesserungen lassen sich bei beiden Beispielen erkennen, nämlich Kostenersparnis durch virtuelle Modelle. Ebenso lässt sich eine Zeitersparnis erkennen, da virtuelle Modelle schneller hergestellt werden können als reale Modelle.

Qualitative Verbesserungen sind in diesem Bereich sehr schwer festzustellen, da hauptsächlich das Ziel verfolgt wird, Kosten zu sparen.

In den Bereich Forschung und Entwicklung fließt meist in jedem Unternehmen viel Geld. Daher denke ich, dass die Entwicklung kostenintensiv, aber die Einsparungen auf Dauer höher sind durch den Einsatz von AR.

Die Usability schätze ich als einfach ein, gerade durch den Einsatz von HMD-Brillen.

Zu den Risiken zählen falsche oder ungenaue Ergebnisse mit AR, so das eine virtuelle Simulation nicht der realen entspricht.

Anwendungsgebiet: Medizin

Aufgrund der hohen Anforderungen eines AR-Systems im Bereich der Medizin ist die Realisierung anspruchsvoll und nimmt einige Zeit in Anspruch. Gerade bei Operationen im minimalinvasiven Bereich dürfen keine Fehler passieren.

Messbare Verbesserungen sind eine kürzere Operations- bzw. Vorbereitungszeit.

Qualitative Verbesserungen hingegen sind die Entlastung der Ärzte, eine bessere Informationsbereitstellung, sowie die Erhöhung der Lebensqualität.

Zum Kostenaspekt denke ich, dass ein AR-System nicht wesentlich mehr als andere in der Medizin eingesetzten technische Geräte kostet.

Die Bedienung der Geräte ist für Systeme dieser Technologie erwartungsgemäß einfach. Probleme sehe ich jedoch bei der Vernetzung und Kommunikation der Systeme in Operationssälen.

Akute Risiken mit einer Gefährdung für Menschenleben entstehen bei Fehlfunktion des AR-Systems während einer Operation. Deswegen sind Risiken im Bereich der Medizin nicht zu unterschätzen.

Anwendungsgebiet: Edutainment

Die Realisierung von Edutainment Anwendungen ist relativ einfach, da die meisten Applikationen Smartphones als Endgerät benutzen. Die Einführungszeit ist gering, da die Software nur auf den Inhalt geprüft wird und dann auf den verschiedenen Betriebssystemen der Smartphones angeboten werden kann.

Edutainment ist einer der am besten geeigneten Bereiche für den Einsatz von Augmented Reality. Dies lässt sich daraus schlussfolgern, dass die quantitativen Verbesserungen schlecht einzuschätzen und die qualitative Verbesserungen eher gut einzuschätzen sind. Quantitative Vorteile sind in diesem Bereich das Sparen von Ressourcen durch den Einsatz von AR, da z.B. kein extra Museumsführer oder Stadtführer bereitgestellt werden muss, dadurch können Kosten gespart aber auch Arbeitsplätze verloren gehen.

Die größten qualitativen Verbesserungen sind die bessere Informationsbereitstellung, sowie die Vereinfachung des Prozesses und die Steigerung der Lebensqualität durch die permanente Informationsbereitstellung.

Wie viel Geld im Edutainment Bereich durch den Einsatz von AR gespart werden kann ist fraglich, da mit der computergestützten Erweiterung der Realitätswahrnehmung bewusst mehr Geld investiert wird, um potenziellen Kunden ein interaktives Produkt zu liefern. Jedoch schätze ich diese Kosten nicht wesentlich höher ein als die, die bei der Entwicklung eines anderen Edutainment Produktes entstehen.

Zur Benutzerfreundlichkeit kann ich sagen, dass alle Edutainment-Anwendungen die ich auf Smartphones getestet habe, sehr einfach zu bedienen sind.

Da Edutainment-Anwendungen eher eine unterstützende Funktion haben bei der Vermittlung von Wissen und Unterhaltung, sind die Risiken mit diesen Anwendungen auch sehr gering. Ausfallzeiten oder Fehlfunktionen sind zwar ärgerlich, aber ohne große Konsequenzen.

Anwendungsgebiet: Marketing

Die Realisierung einer AR-Anwendung im Marketing hängt stark von ihrem Umfang ab. Momentan neigt der Trend dazu, AR-Browser von verschiedenen Anbietern für das Marketing mit der erweiterten Realität zu nutzen. Dadurch wird eine Entwicklung und Einführung durch Fachpersonen natürlich beschleunigt.

Ein quantitativer Nutzen von AR-Einsatz im Marketing lässt sich zur Zeit noch schlecht messen, zum einen weil es noch wenig Produkte gibt, zum anderen weil die Firmen sich mit den Zahlen noch zurückhalten. Ob nun dadurch mehr Kunden gewonnen werden, müsste gezielt zu jeder Anwendung erfasst werden. Laut Jan Schlick von der Firma Metaio ist dies mit ihrem Produkt „Junaio" möglich, zum Einen die Neuinstallation des Programms auf Smartphones, zum Anderen die Benutzung der einzelnen Werbekanäle der Geschäftskunden zu analysieren. Zahlen und Fakten wurden jedoch nicht von Herrn Schlick genannt, es wurde nur gesagt, dass eine Werbekampagne mit ihrer Anwendung „Juniao" mindestens 15.000 Euro kostet.

Als qualitativer Vorteil durch AR im Marketing sehe ich nur den dass Faktor, dass AR sehr verspielt und interaktiv wirkt, was wiederum mehr Aufmerksamkeit auf sich zieht als eine Werbekampagne mit traditionellen Methoden.

Auch hier lässt sich über Kosten nicht mehr viel sagen, jedoch ergeben sich nach

Entwicklung und Einführung keine weiteren Kosten, was sehr positiv ist.

Die Bedienung der Anwendungen ist sehr einfach: die Anwendung starten, das Kamerabild auf das Objekt halten und schon läuft die Werbebotschaft.

Ernsthafte Risiken lassen sich in diesem Bereich nicht erkennen, bis auf eventuelle Umsatzeinbußen bei Fehlfunktionen oder Ausfallzeiten.

Beurteilung der Anwendungsgebiete

Zur Beurteilung habe ich die sechs von mir festgelegten Kriterien gewichtet, so dass sie zusammen einen Wert von 100 ergeben. Wie schon bereits gesagt, sind mir die qualitativen Verbesserungen sowie die Usability, im Zusammenhang mit einem AR-System am wichtigsten. Die Punkte habe ich zwischen 0 bis 10 verteilt. 0 steht für schlecht beziehungsweise schwer realisierbar, hohes Risiko oder hohe Kosten, 10 für gut bzw. leicht realisierbar, niedriges Risiko oder geringe Kosten.

Die Beurteilung ist sehr subjektiv, könnte jedoch durch die Änderung der Gewichtung der Kriterien sinnvoll beeinflusst werden. Die Summe der Multiplikation der Gewichtung und der Punkte bilden das Endergebnis. Das Anwendungsgebiet mit der höchsten Gesamtpunktzahl ist nach meinen Kriterien am meisten geeignet für den Einsatz von Augmented Reality zum Stand der heutigen Technologie.

Kriterien	Gewichtung	Industrie	I x G	S & S	S&S x G	F & E	F&E x G
Realisierbarkeit	10	4	40	4	40	4	40
quantitative Verbesserungen	15	5	75	7	105	10	150
qualitative Verbesserungen	25	8	200	8	200	2	50
Kostenaspekt	10	4	40	3	30	8	80
Usability	25	8	200	8	200	8	200
Risiken	15	4	60	4	60	4	60
Gesamtpunktzahl	**100**		**615**		**635**		**580**

Abbildung 10: Beurteilung - Teil 1

Insgesamt ergaben die sechs Bereiche Ergebnisse zwischen 580 Punkten und 795 Punkten. S & S steht für Service und Sicherheit, F & E für Forschung und Entwicklung. Die Werte unter zum Beispiel „I x G", was für „Industrie mal Gewichtung" steht, bilden sich aus der Multiplikation der Punkte zu den einzelnen Kriterien und der Gewichtung. Aus der Summe ergibt sich die Gesamtpunktzahl.

Kriterien	Gewichtung	Medizin	M x G	Edutainment	E x G	Marketing	M x G
Realisierbarkeit	10	2	20	8	80	8	80
quantitative Verbesserungen	15	6	90	5	75	5	75
qualitative Verbesserungen	25	8	200	9	225	10	250
Kostenaspekt	10	7	70	7	70	4	40
Usability	25	8	200	9	225	8	200
Risiken	15	2	30	8	120	7	105
Gesamt	100		610		795		750

Abbildung 11: Beurteilung - Teil 2

Die durchschnittliche Gesamtpunktzahl liegt bei rund 665 Punkten. Damit liegen die Anwendungsgebiete Industrie, Service und Sicherheit, Forschung und Entwicklung sowie Medizin unter dem Durchschnitt und die Bereiche Edutainment und Marketing klar über dem arithmetischen Mittelwert. Die Spannweite der Gesamtpunktzahl, also die Differenz zwischen dem größten und kleinsten Wert beträgt 215 Punkte, was eine große Streuung der Ergebnisse aufzeigt.

Meine Beurteilung ergibt also folgende Rangfolge in Bezug auf die beste Eignung der Anwendungsgebiete für Augmented Reality:

1. Edutainment
2. Marketing
3. Service und Sicherheit
4. Industrie
5. Medizin
6. Forschung und Entwicklung

Als Schlussfolgerung aus dem Ergebnis meiner Bewertung möchte ich behaupten, dass Augmented Reality derzeit noch zum größten Teil eine Spielerei ist als eine Technologie, die eine breite Einbindung in die Wirtschaft besitzt. Jedoch sind die Ergebnisse wie bereits erwähnt sehr subjektiv zu beurteilen. Jemand aus der Industrie zum Beispiel wird wahrscheinlich meinen, dass die quantitativen Verbesserungen sowie die Realisierbarkeit am wichtigsten sind, so wird sich das Ergebnis dahingehend stark beeinflussen lassen. Jedoch habe ich versucht, von einem neutralen Standpunkt aus, die wichtigen Eigenschaften für ein AR-System aus meiner Sicht zu bewerten. Eventuell lassen sich in Zukunft mit festen Standards für die erweiterte Realität bessere Aussagen treffen.

4.3 Auf Augmented Reality basierende Geschäftsmodelle

Anhand der Anwendungsszenarien für AR lassen sich auch mögliche Geschäftsmodelle bilden. Einige sind in „Augmented Reality – Theorie und Praxis" sehr gut beschrieben. Deswegen möchte ich diese aus meiner Sicht interessanten Geschäftsmodelle kurz zitieren und reflektieren. Hierzu ist zu sagen, dass in dem Buch die Anwendungsszenarien in verschiedene Bereiche eingeteilt sind abhängig von der Eigenschaft, die sie erfüllen. Vor jedes Szenario wird der Begriff „Living" gesetzt, um so die Lebhaftigkeit mit AR zum Ausdruck zu bringen.

Die beschriebenen Geschäftsmodelle in dem oben genannten Buch basieren auf Literatur von Hayes[50].

„1. Planungsvisualisierung (In Situ)
Durch Darstellung von Produkten oder Projekten vor ihrer Fertigstellung bzw. wie sie nach Fertigstellung aussehen werden, kann sich ein Kunde bereits ein genaues Bild zu einem frühem Zeitpunkt machen; dies ist in der Regel als verkaufsunterstützende Maßnahme zu sehen."
Im Buch werden Beispiele genannt zur Unterstützung beim Immobilienhandel, in denen durch Augmented Reality ein Haus möbliert oder ein virtuelles 3D-Modell erstellt wird. Für Verbraucher ist dies ein nettes Extra, um sich einen besseren Eindruck von einem Produkt zu machen, und für den Anbieter ist es ein relativ günstiges Marketing-Instrument, also durchaus ein Geschäftsmodell mit Nutzen.

„2. Utility (Nutzen)
Augmented Reality Anwendungen werden zur Erläuterung von Sachverhalten oder zur Ermöglichung einer besseren Orientierung genutzt. Typische Formen sind sogenannte Living Environments, d.h. Anwendungen zur Orientierung im U-Bahn-Verkehr bzw. an Flughäfen oder die Anzeige von Verkehrsstaus. [...]"
Nach diesem Geschäftsmodell kann auf Basis von AR in vielen Bereichen eine Entlastung bzw. Vereinfachung entstehen. Man könnte sich also vorstellen, dass die BVG zusätzlich zum normalen kostenlosen Fahrplan ein Augmented Reality fähigen Fahrplan herausbringt, mit 3D-Modellen von U-Bahnöfen, Zugängen etc.

---

50 Hayes

„3. Training

Durch geeignete Augmented Reality-Applikationen lässt sich das Arbeiten mit komplexen Geräten oder anspruchsvollen Arbeitsumgebungen trainieren. Dabei bietet sich insbesondere die Anreicherung von Betriebsanleitungen mit Augmented Reality zu Living Brochures bzw. Living Objects an. Derartiger Support kann als Argument für einen Kauf entscheidend sein und ist als verkaufsunterstützende Maßnahme zu sehen."

Zu diesem Thema habe ich ja bereits Anwendungsszenarien und deren Mehrwert genannt. Die Förderung des Verkaufs eines Produktes kann ebenso ein positiver Nebeneffekt sein.

„4. Social Gaming

Augmented Reality Oberflächen erlauben die Konzeption neuer Spielformen. In der Realität spielend, aber um virtuelle Aspekte angereichert, lassen sich neue Spiele, die auch Soziale Netzwerke integrieren, entwickeln. Hier sind insbesondere web- oder mobiltelefon-basierte Ansätze von großem Interesse. In der Regel wird bei Nutzung eine entsprechende Gebühr fällig, alternativ wären Spiel-Flatrates denkbar."

In diese Richtung ist eine starke Tendenz zu erkennen, da AR-Applikationen sehr verspielt wirken und Interesse schaffen. Ebenso werden Soziale Netzwerke immer beliebter, was sich z.B. anhand Facebook zeigt.

„5. Lagebeschreibung

Reiseführer oder Stadtpläne etc. bieten großes Potenzial bei der Anreicherung um Augmented Reality Sequenzen. Diese Living Brochures erlauben eine einfache Orientierung, sowie Zusatzinformationen. In der Regel wird bereits bei Nutzung eine entsprechende Gebühr fällig."

Traditionelle Printmedien mit AR zu erweitern ist in meinen Augen sehr sinnvoll, da es so das Produkt interessanter macht und mehr Informationen, die aus Kostengründen nicht mit gedruckt worden sind, vermittelt werden können.

„6. Virtuelle Demos
Augmented Reality Sequenzen erlauben eine virtuelle Demonstration eines
Produktes z.B. direkt am Kunden."

Dieses Geschäftsmodell wirkt wie aus einem Science-Fiction-Film, ist aber mit Augmented Reality machbar und sehr hilfreich im Marketing.

„7. Experimentelles Lernen (Experimental Education)
Pläne für Museen, Ausstellungen oder Messen eignen sich für die Anreicherung
um Augmented Reality Applikationen. Living Architectures erlauben eine einfache
Orientierung sowie Zusatzinformationen; dabei können Ausstellungsstücke „zum
Leben erwachen und ihre Geschichte erzählen". In der Regel wird bei der Nutzung
eine entsprechende Gebühr fällig."

Ebenso eine gute Lösung, um diese Szenarien interessanter zu gestalten und mehr Aufmerksamkeit zu bekommen.

„8. Erweiterte Klassifikation (Enhanced Classifieds)
Dieses Geschäftsmodell setzt die Existenz eines Verzeichnisses für AR voraus, in
dem Drittanbieter Produkte und Services anbieten. Interessenten können
systematisch zu den von ihnen bevorzugten Produkten und Services geleitet
werden. Kauft ein Interessent ein Produkt oder nimmt einen Service in Anspruch,
wird der Anbieter des AR Verzeichnisses über ein Affiliate Programm am Umsatz
beteiligt."

Bis dies realisierbar ist, wird es wohl noch einige Zeit dauern, im Moment sieht es nicht so aus, als würde eine einheitliche Architektur für Augmented Reality entwickelt werden, da dafür der Konkurrenzkampf zu groß ist. Es bleibt also fraglich, ob solch ein Verzeichnis von allen Anbietern am Markt überhaupt in naher Zukunft entwickelt, beziehungsweise verwendet wird.

„9. 3D Virals
Für Marketing- und Promotion-Aktivitäten werden Augmented Reality-
Applikationen entwickelt und viral vermarktet. Eingebettete Morphing-Sequenzen
eröffnen neue Möglichkeiten. (Blanz, 2006)[...]"

Dieser Trend ist momentan schon zu beobachten. AR ist im Marketing ein Begriff und wird zur Zeit als neuartige Form der Werbung und Unterhaltung angesehen.

„10. Personalisiertes Shopping

Potenziellen Kunden lassen sich personalisierte Informationen zu Produkten oder Dienstleistungen, die mittels Augmented Reality aufgewertet werden, anbieten. Hierbei versucht man zu antizipieren, welche Produkte oder Dienstleistungen für den Kunden von Interesse sein könnten.“

Die personalisierte Werbung gibt es ja bereits, also warum diese nicht mit AR verknüpfen und dem Benutzer vor seinem Rechner virtuell die Kleidungsstücke anprobieren lassen.

„11. Kooperation

Ziel dieses Geschäftsmodelles ist es, Kooperation und Kollaboration auf Basis von Living Meetings zu ermöglichen. Unter Verwendung von Augmented Reality ist es möglich, dass alle Teilnehmer in einem virtuellen Raum kommen und quasi gemeinsam an einem Meeting teilnehmen.“

Dieses Geschäftsmodell klingt für mich wie aus einem Film, ist aber im Zusammenhang mit Augmented Reality durchaus vorstellbar, wobei der Mehrwert gegenüber einer Videokonferenz im Zusammenhang mit dem Aufwand für mich bedenklich erscheint.

„12. Blended Branding

Gebäude, Straßenzüge oder generell Außengelände werden gescannt und um spezifische augmentierte Werbebotschaften überlagert. [...]“

Dies ist in meinen Augen mit eine der interessanten Ideen im Zusammenhang von Augmented Reality und Werbung. Die komplette reale Welt lässt sich mittels AR nochmals mit Werbung überdecken. Ebenso wäre es vorstellbar, mit ihr die Werbung in der realen Welt auszublenden. Erste Ansätze, die reale Werbung mit virtueller Kunst zu überlagern, gibt es bereits.

„13. Augmentierte Events (Augmented Events)

Events werden durch AR Applikationen zu einer Living Presentation angereichert; dies war eines der ersten Anwendungsfelder für Augmented Reality. Ziele sind z.B. Attraktivitätsgewinn oder die Möglichkeit der visualisierten Darstellung komplexerer Produkte."

Dieses Geschäftsmodell hat das Ziel, sich von der Masse abzuheben und mittels Augmented Reality sich selbst interessanter als die Konkurrenz zu machen.

„14. Intertainment

Intertainment ist eine neue Form des interaktiven, erlebbaren Fernsehens. Individuelle Augmented Reality-Applikationen versetzen den Nutzer in eine eigene Welt – ähnlich den Holodecks im Raumschiff Enterprise. Der Nutzer hat das Gefühl, selber das Geschehen beeinflussen zu können."

Erste Schritte in diese Richtung wurden ja bereits mit den AR-Quiz in der Sendung Galileo, wie bereits beschrieben, getan.

„15. Systemverständnis (Understanding Systems)

AR Sequenzen werden zur Darstellung komplexer Sachverhalte genutzt, um Produkte oder Dienstleistungen besser verkaufen zu können; dies entspricht den Anwendungsszenarien Living Brochure und Living Object. Der Betrachter kann sich über typische Features informieren und sich diese dreidimensional anzeigen lassen."

Auch hier nimmt AR die Rolle einer unterstützenden verkaufsfördernden Technologie ein, welche, um komplexe Sachverhalte besser zu erklären, durchaus geeignet ist.

„16. Zielgruppenerkennung & -ansprache (Recorgnition & Targeting)

Potenzielle Kunden werden gescannt, die Daten mit internetbasierten Sozialen Netzwerken verknüpft und ausgewertet, sodass eine zielgruppenadäquate Ansprache und Werbung mit AR Sequenzen erfolgen kann. [...]"[51]

Hier stoßen wir bereits auf das Problem des „gläsernen Menschen", auf welches ich im letzten Kapitel etwas genauer eingehen möchte.

---

51 AR-TuP, Seite 128ff.

5. Fazit

Abschließend möchte ich zusammenfassen, wie sich mein Verständnis für Augmented Reality verändert hat. Ebenso möchte ich Zukunftstrends aufzeigen, indem ich einige denkbare Anwendungsszenarien mit AR nenne. Zum Abschluss werde ich anhand einiger literarischer Quellen und Aussagen von Fachleuten eine kritische Prognose für die Entwicklung dieser Technologie in den nächsten Jahren darlegen und dabei auf gesellschaftskritische Faktoren eingehen.

Zu Beginn war mir Augmented Reality ein unbekannter Begriff. Durch Recherchen in diverser Fachliteratur konnte ich zwar einige Definitionen zu Augmented Reality finden, doch musste ich schnell feststellen, dass in keiner Quelle sich ein Autor hundertprozentig auf eine Definition stützen wollte oder konnte. Fakt ist, dass sie sich durch ihren Grad an der Realität von anderen Technologien der Mixed Reality abgrenzt. Doch allein in der Zeit, in der ich mich mit der computergestützten Erweiterung der Realitätswahrnehmung beschäftigt habe, hat sich in meinen Augen vieles rund um das Thema verändert. Nun kann es natürlich sein, dass mir dies durch meine aufmerksamen Beobachtungen klar geworden ist. Jedoch bin ich der Meinung, dass in schnellen Schritten immer mehr Menschen mit AR in Berührung kommen und die Technologie und das Potenzial, welches dahinter steckt, erkennen.

Es war schwierig, gute Quellen in Bezug auf die Anwendung von Augmented Reality zu finden, da sich hier in den letzten Jahren viel geändert hat. Lektüre um die Jahrtausendwende ist für die Darstellung von AR-Anwendungen veraltet, da vor 10 Jahren ein mobiles AR-System über 10 Kilo wiegen konnte. Heute ist jedes Smartphone eine perfekte Plattform für mobile AR-Anwendungen. Während der Bearbeitung war für mich interessant, wo die erweiterte Realität zum Einsatz kommt und ob sie überhaupt einen feststellbaren Nutzen bringt. Auf der Suche nach verschiedenen Einsatzmöglichkeiten musste ich feststellen, dass die Verwendungen, welche ich im Vorfeld aus zahlreichen Quellen entnehmen konnte, noch lange nicht alle sind und das sich mir während der Bearbeitung der Anwendungsszenarien und der damit verbundenen Recherche täglich neue interessante Anwendungen erschlossen. Zu den Anwendungen ist zu sagen, dass viele sicher noch verbessert werden müssen, aber die rasante Entwicklung und

Verbesserung in der Mikrochip-Industrie lässt in Zukunft auf immer leistungsstärkere Einsatzgeräte für AR warten, wodurch sicherlich auch viele neue und verbesserte Anwendungen entstehen werden.

5.1 Kritische Prognose und Zukunftstrends

Ich bin der festen Überzeugung, dass Augmented Reality in ein paar Jahren, jedem Medien und Informatik affinen Menschen ein Begriff sein wird. Natürlich wird es schwer sein, die ältere Generation von der Technologie zu überzeugen. Mit der Zeit wird sich die erweiterte Realität fest in unseren Alltag integrieren. Erste Schritte in diese Richtung sind ja bereits getan, wenn man sich nochmal die Anwendung bei Fußballübertragungen oder virtuellen Studios im Fernsehen vor Augen führt. Die zahlreichen Anwendungsszenarien haben einfach gezeigt, dass AR dieses Potenzial hat. Es ist nur die Frage, inwieweit die Gesellschaft bereit ist, die reale Welt mit der virtuellen Welt zu verbinden und wann dies überhaupt sinnvoll ist.

Belegen möchte ich meine These über das starke Wachstum von Augmented Reality in den nächsten Jahren anhand des „Hype Cycle's" der „Gartner Group". Was dieser „Hype Cycle" ist und wie er aufgebaut ist, hat Markus Tönnis in seinem Buch sehr gut erklärt:

„Der sog. Hype Zyklus[22] stellt dar, wie eine Technologie in der Öffentlichkeit wahrnehmbar wird. Auf der Y-Achse des Diagramms wird der Grad der erkannten Aufmerksamkeit aufgetragen, die X-Achse beschreibt die Zeit seit Bekanntgabe der Technologie. Mathematisch betrachtet, handelt es sich um das gedämpfte Abklingen einer Schwingung mit nur zwei Ausschlägen. Gemäß seiner Definition ist der Hype Zyklus in fünf Phasen unterteilt. In der ersten Phase, der technologischen Auslösung, wird die Technologie bekannt gemacht, Projekte beginnen und stoßen auf beachtliches Interesse. Die zweite Phase, Gipfel der überzogenen Erwartungen genannt, ist geprägt von enthusiastischen Berichten und von unrealistischen Erwartungen. Die Technologien ist auf dem Gipfel der Aufmerksamkeit. Darauf folgt die dritte Phase, das Tal der Enttäuschung. Weil die Technologie nicht alle Erwartungen erfüllen kann, nimmt die Zahl der Berichterstattungen ab, die Aufmerksamkeit sinkt auf den Tiefpunkt. In der vierten

Phase folgt der Pfad der Erleuchtung. Die neue Technologie wird realistisch betrachtet, ausgefeilte Anwendungen kommen auf den Markt, und es wird wieder stärker über die Technologie berichtet. Schließlich kommt die Technologie in die fünfte Phase und erreicht das Plateau der Produktivität. Die neuen Möglichkeiten werden als Vorteile anerkannt und akzeptiert. Im Allgemeinen werden in dieser Phase bereits die zweite und dritte Generation von Systemen entwickelt."[52]

Der aktuelle Hype Zyklus der Gartner Group vom 7. Oktober 2010:

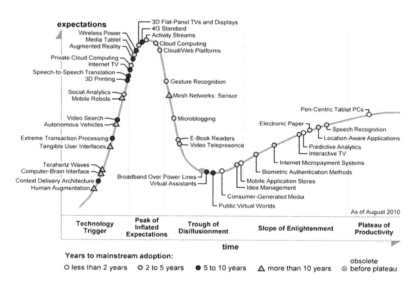

Quelle: http://www.gartner.com/it/page.jsp?id=1447613

Es ist zu erkennen, dass sich Augmented Reality bereits am Anfang der zweiten Phase befindet, kurz vor dem Gipfel der überzogenen Erwartungen und somit kurz vor dem Punkt, an dem es die volle Aufmerksamkeit bekommt. Ebenso prognostiziert die Gartner Group, dass es noch 5-10 Jahre dauert, bis die erweiterte Realität in den Alltag eingebunden ist, was meine Einschätzung bestätigt.

Jedoch kann sie auch Nachteile mit sich ziehen. Ganz oft wird im Zusammenhang mit AR und Datensicherheit der „gläserne Mensch" genannt, also die Gefahr, zu

---

52Tönnis, Seite 169ff.

viele Daten gebündelt an einem Ort über eine Person zu besitzen. Laut Jan Schlink von der Firma Metaio ist dies eine nicht zu vernachlässigende Gefahr. Auf einer Fachtagung im Berliner Verlag, mit dem Thema „Marketing Reality",[53] hielt Jan Schlick eine Präsentation zu dem Thema „Augmented Reality ist ein neues User-Interface" und ging in diesem Zusammenhang auf das Problem des „gläsernen Menschen" ein. Die computergestützte Erweiterung der Realitätswahrnehmung ist in der Lage, wie auch in dem Buch „Augmented Reality – Theorie und Praxis" in „Kapitel 3.1.4 Facetracking"[54] beschrieben, Gesichter zu erkennen. Wenn man nun soziale Netzwerke mit AR verbindet und über die Profilbilder der einzelnen Personen die Personen in der Realität erkennbar macht, könnte man jeden Menschen auf der Straße der ein Foto bei Facebook etc. hat mit seinen persönlichen Daten seiner Seite in einem sozialen Netzwerk verbinden und wüsste somit alle Informationen über eine fremde Person, die diese im Internet über sich preisgibt. Auch ist die Frage noch nicht geklärt, inwieweit der Zugriff auf die einzelnen AR-Systeme durch fremde Personen geschützt ist. Welche Gefahren können entstehen, wenn es jemanden gelingt, die eigene Wahrnehmung nach seinem belieben zu verändern? Wann merken wir überhaupt noch, was nun noch Realität ist und was nicht? Dies sind alles Fragen, die noch nicht geklärt sind, aber die in der Gesellschaft mit der Weiterentwicklung von Augmented Reality beantwortet werden müssen.

Ebenso ist die soziale Rückentwicklung der Menschen ein Thema, wenn jeder in der Zukunft nur noch durch ein HMD in die Realität blickt, könnten die zwischenmenschlichen Beziehungen unter diesem Einfluss leiden. Heutzutage verändern die neuen Medien stark unser Sozialverhalten, besonders bei Jugendlichen. Die meiste Kommunikation findet heutzutage über soziale Netzwerke im Internet statt, immer weniger über das Telefon oder durch ein persönliches Treffen. Wie weit wird Augmented Reality diesen Trend beeinflussen, wenn durch sie aus dem Internet ein „Outernet", also ein überall zu jederzeit verfügbares Internet, wird. Werden wir die Realität durch die virtuelle Erweiterung überhaupt noch wahrnehmen? Wird sich durch die permanente Ablenkung durch virtuelle Daten die Gesellschaft noch mehr von der Realität entfernen? Vielleicht

---

53 PDWK

54 AR-TuP, Kapitel 3.1.4 Facetracking

geht in der Zukunft niemand mehr aus seinem Haus? Mit den heutigen Technologien und der computergestützten Erweiterung der Realitätswahrnehmung wäre es möglich, alles von Zuhause aus zu erledigen. Klassenräume und Schulkameraden können virtuell gebildet werden. Ein Einkaufszentrum und dessen Läden könnten virtuell gebildet werden. Für Konferenzen brauchen keine Treffen mehr organisiert werden, sondern kann vom Arbeitsplatz aus geschehen, in solcher Qualität, dass sie wie real wirken. Ja sogar der Arbeitsplatz könnte doch Zuhause nachgebildet werden. Jeder einzelne von uns muss für sich entscheiden, wo sich seine Sicht der Zukunft im Reality-Virtuality-Kontinuum befindet und was für ihn moralisch und ethisch vertretbar ist. Ich möchte jedoch nicht in einer Zukunft leben, in der die Menschen sich am Strand sonnen, in der Wirklichkeit jedoch jeder alleine bei sich auf der Couch liegt.

Literaturverzeichnis

3SatAR	3Sat Webseite, 2001. Abgerufen am 10.Mai 2011 von http://www.3sat.de/page/-source=/neues/sendungen/-magazin/118285/index.html
AR-Times	Augmented Times, 2011. Abgerufen am 09. Mai 2011 von http://artimes.rouli.net/2009/12/old-mcdonald-had-augmented-farm.html
AR-TuP	A. Mehler-Birchner, M. Reiß, L. Steiger, *Augmented Reality: Theorie und Praxis*, 2010. ISBN: 978-3-486-59837-7
ARToolkit	AR Toolkit History, 2011. Abgerufen am 11. April 2011 von http://www.hitl.washington.edu/artoolkit/documentation/-history.htm
ARVIKA	ARVIKA Projekt, 2011. Abgerufen am 11. April 2011 von http://www.arvika.de
ARVIKA2	W. Friedrich, *ARVIKA: Augmented Reality für Entwicklung Produktion und Service*, 2004. ISBN: 3-89578-239-4
Aworks	Augmentedworks, 2011. Abgerufen am 17. Mai 2011 von http://www.augmentedworks.com/geotravel/
Azuma	Ronald T. Azuma, *A Survey of Augmented Reality*, 1997. Abgerufen am 11. April 2011 von http://www.cs.unc.edu/-~azuma/ARpresence.pdf
Bergmaier	Ulrich Bergmeier, *Augmented Reality in Vehicles*, 2008.
Caudell	Tom Caudell, Woodrow Barfield, *Fundamentals of wearable computers and augumented reality*, 2001
DPWK	Deutscher Preis für Wirtschaftskommunikation, Fachtagung „Marketing Reality" am 24.05.2011, abgerufen am 25. Mai 2011 von http://www.dpwk.de/veranstaltung/fachtagung/
FraunhoferIGD	Fraunhofer IGD, 2011. Abgerufen am 17. Mai 2011 von http://www.igd.fraunhofer.de/Institut/Abteilungen/Virtuelle-und-Erweiterte-Realit%C3%A4t-A4/Projekte/Augmented-Reality-Sightseeing

Galileo	Galileo Pro7, 2011. Abgerufen am 18. Mai 2011 von http://www.prosieben.de/tv/galileo/next-level-quiz/
Hayes	G. Hayes, *16 Top Augemented Reality Business Models.* Abgerufen am 19. Mai 2011 von http://www.personalizemedia.com/16-top-augmented-reality-business-models/
Metaio	Mataio, 2011. Abgerufen am 02. Mai 2011 von http://www.metaio.de/startseite/
Metaio2	Youtube-Channel von Mataio, Abgerufen am 05. Mai 2011 von http://www.youtube.com/watcv=_6FMABGBMjY-&feature=player_embedded
Milgram	Paul Milgram, Haruo Takemura, Akira Utsumi, Fumio Kishino, *Augmented Reality: A class of displays on the reality-virtuality continuum,* 1994.
NeuZim	Axel Neumann, Daniel Zimmermann, *Wearable Computing,* 2004. Abgerufen am 14. April 2011 von http://www.computer-networking.de/~hanne/PervasiveComputingSS04/-WearableComputing.pdf
offtherecord	Blog „off the record", 2011. Abgerufen am 26. Mai 2011 von http://off-the-record.de/2010/03/10/augmented-reality-8-beispiele-mit-wow-moment/
Orschewski	Marek Orschewski, *Proseminar zum Thema Anwendungen für Augmented Reality,* abgerufen am 10. Mai 2011 von http://campar.in.tum.de/twiki/pub/Chair/TeachingSS05-ARProseminar/10_Produktion_Wartung_AA.pdf
Paper3D	*Augmented Reality mit FLARToolkit,* 2009. Abgerufen am 11. April 2011 von http://blog.papervision3d.org/2009/01/07/-augmented-reality-with-flartoolkit/
Sutherland	Ivan E. Sutherland. *The Ultimate Display,* 1965.
Tönnis	Marcus Tönnis, *Augmented Reality: Einblicke in die erweiterte Realität,* 2010. ISBN: 978-3-642-14178-2

Wikitude   Wikitude, 2010. Abgerufen am 11. April 2011 von

http://www.wikitude.org/de

youRepa   Video ISMAR, 2009. Abgerufen am 04. Mai 2011 von

http://www.youtube.com/watch?v=mnzvymISvk&-

feature=player_embedded